A COISA MAIS PRECIOSA DA VIDA

Shundo Aoyama Roshi

Tradução de Luiz Kobayashi

Título original: Moo hitori no watakushi e no sugata, Itchi kiri no jin sei dakara
Copyright © Shundo Aoyama Roshi, 1983

Grafia segundo o Acordo Ortográfico da Língua Portuguesa de 1990,
em vigor no Brasil desde 2009.

Coordenação editorial	Lia Diskin
Tradução	Luiz Kobayashi
Preparação de originais	Shobun Andrea Caitano
Revisão	Tônia Van Acker
Atualização ortográfica	Lídia La Marck
Projeto gráfico	Fugetsu Regina Cassimiro
Ilustrações	Zensho Fernando Figueiro Gopal
Produção digital	Renato Carbone

Dados Internacionais de Catalogação na Publicação (CIP)
(Câmara Brasileira do Livro, SP, Brasil)

Roshi, Shundo Aoyama
    A coisa mais preciosa da vida / Shundo Aoyama Roshi ;
[tradução Luiz Kobayashi]. -- São Paulo : Palas Athena, 2013.

Título original: Moo hitori no watakushi e no
sugata, Itchi kiri no jin sei dakara.

ISBN 978-85-60804-22-1

1. Budismo 2. Budismo - Ensinamentos 3. Budismo -
Reflexões I. Título.

13-12220   CDD-294.34

Índices para catálogo sistemático:
1. Budismo : Ensinamentos   294.34
2. Budismo : Reflexões   294.34

3ª edição, setembro de 2020

Todos os direitos reservados e protegidos pela Lei 9610
de 19 de fevereiro de 1998.

É proibida a reprodução total ou parcial, por quaisquer meios,
sem a autorização prévia, por escrito, da Editora e da
Comunidade Zen Budista Zendo Brasil.

Direitos adquiridos para a língua portuguesa por

Comunidade Zen Budista Zendo Brasil
Rua Desembargador Paulo Passaláqua, 134
Pacaembu, São Paulo, SP
CEP: 01248-010
Fone (11) 3865-5285
email: zendobrasil@gmail.com
www.zendobrasil.org.br
www.monjacoen.com.br

Palas Athena Editora
Alameda Lorena, 355
Jardim Paulista, São Paulo, SP
CEP: 01424-001
Fone (11) 3050-6188
email: editora@palasathena.org.br
www.palasathena.org.br
www.comitepaz.org.br

Sumário

Apresentação 9
Lia Diskin

Prefácio 11
Monja Coen

Capítulo 1
Dar vida ao agora Viver esta experiência única que é a sua vida ... 15
A coisa mais preciosa da vida 16
Dar vida ao "agora" para usufruí-lo 17
Não existe uma "nova oportunidade" na vida 20
Esta vida é a sua vida 27
Levar as coisas a sério 35
Um passo a mais de profundidade, um passo a mais de elevação 39

Capítulo 2
Transformar o "menos" em "mais" 43
Desenvolver o "outro eu" 44
A vida é um terço cujas contas são o "agora" 46
Tenha bons amigos 51
Tingir a sua vida 52
Usando a "lama" do passado como matéria-prima 54
A flor a desabrochar em seu coração 56
O valor da dor e do sofrimento 58
No *zazen* 60
O meu "outro eu" imaculado 61

Capítulo 3
Despertar para o "misterioso" Viver imerso na dádiva 67
Imerso no pulsar do Cosmo 68
O mistério está nas coisas mais triviais 76
Se não ficar vazio 80
Vivenciar pessoalmente 82
Ser um discípulo de Buda enquanto ainda
está vivo – o significado do funeral 84

Capítulo 4
Fazer o que deve ser feito sem cálculos egocentrados 93
Viver como uma flor 94
Sob as flores, surge naturalmente um caminho 97
Viver em plenitude de acordo com a verdadeira forma de viver 99
As pequenas boas ações 103
Não esperar recompensa 106
Que o bem não se torne um fardo 107
Dinheiro e fama são as iscas para as pessoas medíocres 109

Capítulo 5
Espalhar as sementes e criar raízes Falar menos e viver mais .. 113
Adotar os filhos como espelho 114
A semente que brota no fundo do coração 117
Crie raízes fortes e a árvore ficará naturalmente frondosa 118
A importância do fazer 120

Posfácio 123
Shundo Aoyama

Apresentação

Uma vida consagrada ao Zen

A intenção não é impressionar. Nem comover. Menos ainda convencer. Os relatos que se sucedem ao longo destas páginas mostram o fluir da vida sem exortações, sem admoestações. Nada para julgar – como na prática do *zazen*. Shundo Aoyama Roshi tem a capacidade singular de "tirar leite de pedras". As personagens com as quais se encontra e dialoga são prosaicas: mães que lamentam o distanciamento de seus filhos; passageiros silenciosos de um ônibus que lhe cedem lugar para sentar; jovens estudantes que caminham alegremente na saída da escola; devotos que acorrem a ela para pedir conselhos sobre sua vida familiar; cerejeiras em flor que embelezam parques e calçadas de um vilarejo. Nas suas histórias tudo se torna matéria-prima para acessar o essencial.

O único recurso literário que se permite é regar as cenas com haicais, que revelam aquilo no qual a autora é mestra: a profundidade da vida, a fragilidade e o destemor presente em todas as coisas, a vocação humana para atravessar à outra margem.

Lia Diskin

Prefácio

Você permite que Buda seja o dono/a dona de sua morada? Relendo *A Coisa Mais Preciosa da Vida*, de minha mestra de treinamento, Shundo Aoyama Roshi, novamente me deslumbro com suas analogias e clareza.

Estamos lançando uma nova edição, com atualização ortográfica e em um papel mais claro, para que a arte de Fernando Zensho possa ser mais bem apreciada. Ele desenhou uma árvore que vai, pouco a pouco, traço a traço, crescendo a cada nova página. Da mesma forma que nós vamos nos construindo através dos textos.

Seria um livro de autoajuda? Talvez o posicionem dessa forma nas estantes das livrarias. Entretanto, todos os ensinamentos de Aoyama Roshi são para libertar as pessoas do sofrimento da ignorância. A vida pode ser maravilhosa, preciosa. Depende de cada um de nós.

Os grilhões de nossos medos, inseguranças, resmungos e reclamações nos impedem de voar alto e perceber o que há de mais precioso na existência. Para o zen-budismo, o que nos liberta é a sabedoria perfeita. A sabedoria de perceber a transitoriedade e a interdependência. Perceber que cada instante de vida é único e pode ser apreciado, vivido em sua plenitude. Isso é dar vida a Buda em nossas vidas.

Buda significa a pessoa iluminada, sábia, desperta. Quantos de nós passamos a vida como zumbis – semivivos, semimortos –, sem apreciar a vida, sem fazer o nosso melhor, apenas repetindo frases feitas, sem refletir em profundidade e sem capacidade de dialogar, de manifestar sabedoria, ética, dignidade e compaixão...

Em 2019, estive novamente com Shundo Aoyama Roshi. Era verão e eu fora levar duas monjas e um monge para a graduação final no Japão. Quando chegamos, Aoyama Roshi estava na sala de Buda do Mosteiro Feminino de Nagoia.

Pela primeira vez a vi caminhar com dificuldade, apoiada em uma bengala e em uma monja. Teria sido uma lágrima em seus olhos? Uma lágrima que não rolou pela face? Estivera doente e havia ficado internada durante o mês de maio. Talvez um pequeno AVC? Eu só soube naquele momento.

Era verão e estava muito quente. Quando fomos embora, ela se sentou em uma cadeira para se despedir e suas atendentes colocaram um cobertor sobre suas pernas.

A vida é transformação e movimento. Mas há certas pessoas que não queremos ver adoecer, envelhecer.

Passada a primeira emoção do encontro, providenciaram um assento alto para mim – que já não posso mais me sentar em *seiza* (posição em que a pessoa fica de joelhos e deposita o peso nos calcanhares). Aoyama Roshi pediu que eu oficiasse a cerimônia litúrgica de boas-vindas ao grupo de brasileiros que nos acompanhava. A monja Kokai e a monja Heishin – que, além do monge Kojun, ali estavam para completar sua graduação monástica – tocaram os instrumentos litúrgicos.

Entoamos o *Maka Hannya Haramita Shingyo* (*Sutra do Coração da Grande Sabedoria Completa*, em japonês). Ao terminar, ninguém estava pronto para fazer a dedicatória. Então me levantei de minha prostração completa para fazê-lo.

Senti novamente como havia sido importante ter ficado doze anos em treinamento, oito dos quais interna no Mosteiro de Nagoia. Gratidão à nossa superiora pela paciência e ensinamentos – tanto comigo quanto com todas as monásticas que lá se formaram.

Eu chegara ao Japão no mesmo ano em que ela fora designada abadessa também das Monjas Especiais – uma graduação que permite que nos tornemos professores de monjas e possamos trabalhar em mosteiros. Aoyama Roshi já era a abadessa responsável pelo treinamento das noviças havia alguns anos. Momentos especiais e raros que pude testemunhar, quando nossa superiora era cada vez mais apoiada e reconhecida pela Ordem.

O grupo de visitantes se sentou. Serviram doces e *matcha* (chá macerado), depois bolachas salgadas e chá-verde.

Aoyama Roshi sentou-se em uma cadeira e autografou vários livros levados pelos integrantes do grupo, além de alguns papéis para quem não tinha livros. Precisei interromper, pois notei que ela estava se cansando. Já era tarde. Era hora de nos retirar, de nos despedir, de a deixar, por mais que quiséssemos ficar ali, ao seu lado, por muito, muito mais tempo.

Sem abraços, sem beijos, em profundo respeito e ternura, unimos as mãos palma com palma e reverenciamos a nossa grande mestra Zen.

Saímos do mosteiro devagar, nos voltando várias vezes para ver nossa mestra por mais alguns instantes, sentada na cadeira, nos abençoando com seu olhar profundo e doce.

Como é preciosa a vida.

Leia com cuidado, reflita meticulosamente e absorva no íntimo os ensinamentos de uma pessoa extraordinariamente sábia e compassiva.

Permita que Buda seja a dona/o dono de sua morada.

Mãos em prece,
Monja Coen

Capítulo 1

Dar vida ao agora

Viver esta experiência única que é a sua vida

A coisa mais preciosa da vida

"Não tenho nem um pouco de inveja"

> *Vamos todos procurar*
> *a coisa mais preciosa que há neste mundo*
> *E vamos também*
> *fazer aquele esforço para que*
> *as coisas sem valor não nos afetem*
> (Jukichi Yagi)

Todos querem as coisas boas da vida e passam a existência em busca do que é bom e precioso. Só que os conceitos de "bom" e de "precioso" variam de pessoa para pessoa. Há uma história da Índia antiga que envolve o aracã[1] Pindola Bharadvaja (conhecido no Japão como Binzuru) e o rei Udayana. Eles eram amigos de infância, mas o primeiro partiu do reino para ser um discípulo de Buda, tornando-se um aracã após se dedicar com afinco à prática espiritual, enquanto o segundo se tornou um poderoso rei, conquistando inúmeros países.

Certa feita, o aracã voltou ao reino de Kosambii, sua terra natal, onde costumava praticar *zazen* no bosque. Ao ouvir isso, o rei Udayana fez-se acompanhar por um séquito de súditos e serviçais, vestiu seus melhores trajes e foi até ele. Chegando lá, estufou o peito e disse: "Eu conquistei diversos reinos e o meu poderio resplandece de forma tão forte e ampla quanto o Sol. Na minha cabeça repousa a coroa celestial, o meu corpo se reveste dos tecidos mais finos e tenho as mulheres mais belas aos meus pés para me servir. E então, não está com inveja?". Ao que o aracã respondeu, de modo simples: "Não tenho nem um pouco de inveja".

Essa história mostra que "a coisa mais preciosa da vida" para o rei Udayana não tinha o menor valor para o aracã Pindola Bharadvaja.

O que está dentro do coração

Ayako Suzuki foi uma mulher que faleceu ainda jovem, aos 47 anos, em decorrência de um câncer. E ela disse o seguinte, após a cirurgia para a extração do tumor maligno da mama: "O que eu

---

1 Em japonês, *arakan* ou *rakan*; em sânscrito, *arhat*. É um termo usado para designar um ser de elevada estatura espiritual. (N. do T.)

percebi no hospital foi que o dinheiro, o cargo, o status social não servem para absolutamente nada. Trata-se apenas de um ser humano, deitado na cama. E entendi de maneira muito clara a grande questão: o que estaria dentro do coração desse ser humano?".

Será que o câncer vai deixar de atacar uma pessoa só por ela ser presidente ou professora universitária? Impossível. Será que a morte vai deixar de visitar alguém em troca de rios de dinheiro? Impossível. Não importa a sua fama ou a sua fortuna, nada disso irá salvá-lo da doença ou da morte.

O deleite de obter fama e fortuna se dissipa instantaneamente no momento em que se enfrenta a morte, perdendo toda a sua atratividade e desaparecendo como uma ilusão.

O aracã Pindola Bharadvaja respondeu "Não tenho nem um pouco de inveja" exatamente porque ele havia despertado dessa ilusão e se desvencilhado desse deleite. As coisas que o rei Udayana acreditava serem as coisas boas desta vida não passam de inutilidades nas horas mais extremas.

A coisa mais preciosa da vida talvez não se manifeste em posses materiais, mas em um estilo de vida e de pensamento que permita à pessoa enxergar até mesmo o câncer como uma bênção.

Dar vida ao "agora" para usufruí-lo

Tanto o sono quanto a fome são dádivas

Acordo de manhã, após a dádiva de um sono aprazível
As camélias de Buda estão sorrindo em flor[2]

Depois de passar vários dias atormentada pela febre, sem poder ficar cinco minutos na mesma posição, rolando na cama, levantando da cama e deitando na mesa, finalmente consegui dormir. A febre cedeu e, ao despertar após uma boa noite de sono, meus olhos foram agraciados com as camélias de Buda que estavam em flor, uma visão carregada pelo frescor do vento matinal.

---

2 "Camélias de Buda" referem-se à flor *Stewartia pseudocamellia*, chamada de camélia de verão no Japão. É também conhecida como camélia *shala*, por ser costumeiramente usada em templos budistas japoneses no lugar das árvores *shala*, sob as quais Buda nasceu, alcançou a iluminação e faleceu. (N. do T.)

Se estiver indisposto, até mesmo o sono passa a ser impossível. Um corpo enfraquecido não é capaz de suportar nem uma pequena onda de calor, e essa fraqueza acaba por afugentar o sono. Na manhã em que pude dormir, com a ajuda do frescor matinal, as palavras "dádiva de um sono aprazível" saíram da minha boca com um quê pensativo, refletindo o que eu sentia no momento.

Há um poema de Eiichi Enomoto que diz:

Sono

Ao terminar o dia
as pessoas da Índia
as pessoas da China
as pessoas do Japão
todas recebem
o mesmo sono
da Grande Mãe Natureza

Se o sono fosse algo que pudesse ser totalmente controlado por nós, jamais existiria a insônia e jamais sentiríamos aquela vontade de cochilar nas horas mais impróprias. Mesmo durante o *zazen* ou enquanto dirige um veículo, ninguém dorme por acreditar que é um momento propício para o sono; o sono vem mesmo contra a nossa vontade. E isso nos faz perceber que até mesmo o sono é superior às nossas forças, obedecendo somente aos desígnios do Universo.

A mesma coisa vale para a fome. Tenho um excelente apetite e, uma vez, fiquei com uma febre mais branda, por volta de 38 graus. Assim, comi muito, com a desculpa: "Preciso comer para combater o resfriado". Mas, quando a febre ultrapassou os 38,5 graus, não consegui mais comer. E todos ao meu redor ficaram alvoroçados porque uma comilona como eu deixou de comer. Mas isso durou só uns dois dias e recuperei rapidamente o apetite, surpreendendo até mesmo o médico. Essa experiência me fez entender que "a fome também é uma dádiva".

Já faz um bom tempo, mas certa vez tivemos um retiro de *zazen* no verão com a presença do Roshi Kosho Uchiyama[3]. O retiro foi um sucesso e, juntamente com a monja T, acompanhei o Roshi até a estação. Enquanto via as paisagens passando pela janela do trem,

---

3   Kosho Uchiyama (1912-1998) foi um sacerdote zen-budista japonês, mestre de origami e abade do templo Antaiji, perto de Quioto. (N. do T.)

a monja T exclamava, feliz: "Olha! Os tomates estão maduros! As maçãs parecem estar uma delícia! O milho está no ponto!". Sentado no assento de trás, o Roshi ouviu sorridente a monja e, por fim, disse: "A monja T é uma pessoa muito saudável. Não é à toa que ela só tem olhos para comida. Mas o mais importante não é a comida, e sim a fome. De nada adianta termos uma montanha de comida se não tivermos fome para comê-la. Você pode enfileirar muitos alimentos saudáveis na frente de um paciente terminal e dizer várias vezes: "Você vai ficar bom se comer". Mas, se ele não estiver com fome, não tem como comer.

Também sou uma pessoa tão ou mais saudável que a monja T e acreditava que a fome era algo óbvio de ter e que eu era capaz de comer qualquer comida que estivesse à minha frente. Por isso, fui tomada por um sobressalto ao ouvir essas palavras do Roshi, que calaram fundo no meu coração.

A beleza da variedade do ser humano

Enquanto estava rolando na cama, com dores no corpo decorrentes da febre e da tosse, em última análise meu trabalho acabou se tornando exatamente isso. E passei os dias entretida nesse "trabalho". Mas, ao melhorar, tornei-me capaz de dormir e de me mover. Só que, graças às ordens médicas para repouso absoluto, o tédio invadiu meu coração. Perguntei ao médico se poderia ao menos ler um livro, mas ele respondeu que não, pois a leitura seria cansativa. E, ao ler ou escrever às escondidas do médico, descobri que realmente era cansativo e acabei desistindo.

Assim, fiquei me entretendo com coisas como contar os buracos do teto ou ainda seguir as nuvens que corriam pelo céu que eu via pela janela. Nisso, lembrei-me da vovó, que disse: "Se eu for para o *gokuraku*, a Terra Pura, vou ficar cuidando da grama".

A palavra *gokuraku* escreve-se com ideogramas que significam "extremamente tranquila" e diz-se que é o melhor local em que uma pessoa pode viver. O clima é ameno, sem fazer calor nem frio o ano todo, tudo está sempre florido e os pássaros sempre estão cantando. Não há necessidade de trabalhar, não há dor nem sofrimento e, como as pessoas do *gokuraku* são todas santas, não há nenhuma briga nem discussão. Assim, basta passar o dia todo sentado sobre uma folha de lótus. A vovó disse: "Isso é entediante demais para mim. Se eu for para o *gokuraku*, vou é ficar cuidando da grama".

Enquanto você está repleto de trabalho, fica pensando o tempo todo como seria bom se ficasse livre do trabalho. Por outro lado, ficar totalmente sem trabalho pode ser um inferno.

Ouvi uma conversa muito interessante outro dia, entre dois homens que tinham vindo para o retiro. O senhor A está na ativa e consegue adaptar a sua agenda lotada para participar dos retiros. O senhor B já é aposentado e aparece nos retiros como uma espécie de passatempo. Certo dia, o senhor B disse ao senhor A: "A melhor época da vida é quando há trabalho. A felicidade pelo descanso só existe porque você está repleto de trabalho. Para pessoas como eu, que passam o ano inteiro descansando, não há nada disso. Pelo contrário, tenho de passar o tempo todo atrás de coisas para fazer, para que o dia de hoje possa passar.

O ser humano é egoísta. Quando está repleto de trabalho, anseia pelo descanso. E, quando não tem o que fazer, deseja ter um trabalho para se ocupar. Sempre tem inveja da grama do vizinho, que é mais verde, e, seja qual for a situação, não consegue adaptar-se a ela. O ideal seria se o ser humano pudesse agradecer pela oportunidade de trabalhar e se esforçar quando estiver repleto de trabalho e, quando estiver totalmente livre de trabalho, com todo o tempo do mundo para si, estar sempre motivado para empregar esse tesouro chamado tempo da melhor maneira possível.

O Roshi Suigan Yogo[4] disse a uma pessoa atormentada por toda sorte de problemas no serviço, no lar, em todas as áreas da vida: "A vida é bela exatamente porque é variada. Todos querem ter uma vida sem nenhuma variação nem mudança, mas imagine o que seria uma vida assim. Seria um tédio sem fim".

Provavelmente era a isso que o mestre Zen Dogen se referia quando disse: "A Vida e a Morte são os móveis da casa de Buda".

Não existe uma "nova oportunidade" na vida

Não é possível retroceder na vida e no tempo para mudar suas ações

Já faz muito tempo, o templo Sosenji, que fica em Gojo, Quioto, me deu a honra de realizar seminários Zen lá uma vez por mês. Começava

---

[4] Zengetsu Suigan Yogo (1912-1996) foi abade superior do mosteiro Saijoji, em Odawara, e vice-abade superior do mosteiro-sede de Sojiji, em Yokohama. É o Mestre de Transmissão do Darma da monja Coen. (N. do T.)

aos sábados, às 14h. Primeiramente fazia um seminário de aproximadamente duas horas e, então, seguia-se uma sessão de *zazen* por uns 40 minutos. Em todas as vezes, apareciam cerca de 100 pessoas de toda a região de Kinki, que ouviam e praticavam com afinco.

Não me lembro exatamente quando, mas certo dia uma gueixa[5] começou a participar. Quando ela era obrigada a sair direto do seminário para os eventos, já aparecia com os trajes característicos e pedia desculpas com aquele linguajar típico das gueixas.

Vamos chamá-la aqui de Suzuno. Ela me escrevia cartas com frequência e, antes ou depois do seminário, vinha ao meu aposento e relatava os fatos mais recentes que lhe haviam acontecido. Em meus quase 60 anos de vida, nunca havia chegado sequer perto desse mundo. Assim, tudo o que ela contava era novidade e tudo me impressionava.

Em fevereiro, Suzuno ficou gripada, mas veio trajada como gueixa, com aquela típica gola extremamente aberta, que quase permitia ver as suas costas. Disse-lhe: "Por que não enrola algo no pescoço? Caso contrário, nunca vai sarar da gripe!". Ao que ela respondeu: "Enquanto estiver trajada como gueixa, não tenho o direito de enrolar nada, mesmo que o frio seja glacial, mesmo que uma tempestade de neve esteja caindo". Ao ouvir isso, fiquei quieta e abaixei a cabeça. "Em abril, temos o tradicional evento Kyo-odori de dança. Por isso, temos de treinar muito as danças e os cantos, sem contar os instrumentos como *tsuzumi*[6] e *shamisen*[7]. É uma pena não poder vir ouvir a mestra durante esse tempo. Mas, mestra, se puder, venha assistir ao Kyo-odori."

Suzuno me convidou a conhecer um mundo desconhecido. Mesmo nas suas aulas de dança, o mestre só ensina uma vez.

Por isso, todas tentam aprender desesperadamente. Quando de fato não conseguimos entender, nós nos prostramos no chão e imploramos para que ele nos ensine de novo, mas, mesmo assim, raramente ele acede. Da segunda vez, o mestre só acompanha com os olhos, sem dizer nada. Da terceira vez, simplesmente segue o som. Se ainda assim não conseguem aprender, as alunas são levadas até a senhora que governa a casa das gueixas, onde são repreendidas severamente. E, além de tudo isso, um atraso de um minuto no treino acarreta uma multa de 10 mil ienes.

---

5   A rigor, a palavra *geisha* é usada na região de Tóquio, enquanto na região de Quioto usa-se a palavra *geiko*. Optou-se por manter o termo *gueixa* por ser mais conhecido no Brasil. (N. do T.)
6   Pequeno tambor de mão japonês. (N. do T.)
7   Instrumento de cordas japonês. (N. do T.)

Ouvi tudo isso de olhos arregalados. E fiquei muito emocionada ao constatar que esse mundo das gueixas ainda preserva de forma integral o rigor e a bondade que havia outrora na educação tradicional japonesa e no treinamento Zen, valores que foram perdidos no mundo de hoje.

Devemos observar que, em tudo na vida, temos apenas uma única chance, sem a possibilidade de voltar e tentar de novo. Não há ensaios nem simulações. Não existe o "de novo" na vida. E esse rigor inerente à "vida" e ao "tempo" faz com que o mestre confira a instrução uma única vez. De fato, o pensamento "Se eu não aprender, basta perguntar de novo" faz com que a pessoa fique relaxada, dificultando o seu progresso.

A multa de 10 mil ienes por 1 minuto de atraso é outra coisa que dói. Dado que sou uma pessoa muito lenta, provavelmente iria gastar uma fortuna pagando multas. Mas o ser humano só aprende pela dor. E a multa é uma forma de aprender a dar valor ao tempo. Uma iniciativa maravilhosa.

No Ocidente, diz-se que "tempo é dinheiro", enquanto, no Oriente, diz-se que "tempo é vida". O seu atraso de 1 minuto faz com que um treino de 50 pessoas seja atrasado 1 minuto por pessoa, totalizando 50 minutos. Um atraso de 2 minutos causa um desperdício total de 100 minutos de vida.

Essa foi uma ocasião em que percebi que as minhas atitudes atuais, de perdoar facilmente os atrasos de 3 ou 5 minutos e ensinar as pessoas até que aprendam, apenas aparentam ser atitudes generosas, quando na verdade são nocivas e pouco bondosas.

Um período de aprendizado extremo

Consegui abrir uma brecha na minha agenda e fui ver o Kyo-odori. Pude apreciar inúmeras danças de grande beleza e sensibilidade, realizadas pelas gueixas e pelas *maiko*, aprendizes de gueixa.

Após o evento, fui comer na casa de chá mantida pela mãe de Suzuno. Quem me atendeu foi uma *maiko* muito bonita, o que me fez exclamar sem querer: "Nossa, que bonitinha!". Em seguida, perguntei-lhe: "Qual o seu nome? Quantos anos você tem?". Estampando um largo sorriso no lindo rostinho, ela respondeu: "Eu me chamo Suzuya. Tenho 16 anos". Ao que eu disse: "Aos 16 anos, eu raspei a cabeça e me tornei monja. Você poderia me contar um pouquinho mais do seu mundo?".

Com os olhinhos brilhando, Suzuya começou a me contar. Primeiramente, a novata passa por um ano de aprendizado, chamado de "período infantil". Mora na casa de gueixas e, ao mesmo tempo que ajuda com a limpeza da casa e realiza tarefas diversas para a *mama-san*[8], para as gueixas e para as *maiko*, tem um rigoroso aprendizado sobre o linguajar e o palavreado, a maneira de se portar, as formas de caminhar e de se sentar.

Atualmente, as meninas não usam mais as roupas tradicionais no dia a dia e a educação em casa não é tão rigorosa como antigamente. Assim, quando elas se sentam, é normal ficarem tortas ou, ainda, com as costas curvas. Quando isso acontece, imediatamente apoia-se uma régua em suas costas para endireitá-las. Quando se trata de maneiras à mesa, o rigor é ainda maior.

Tem de segurar bem firme o fundo do ochawan[9] *com os quatro dedos e apoiando o polegar na borda. Assim, quando batem no seu braço por causa dos maus modos, o arroz da tigela pode saltar para fora, mas o* ochawan *permanece firme na sua mão.*

Ela ainda disse que havia muito rigor também quanto à forma de segurar e usar os *hashi*. Isso é bom. Hoje em dia, cada vez menos os jovens sabem a maneira correta de segurar os *hashi*. Segurar os *hashi* como se fossem uma vela, no que se chama de *nigiribashi*, é algo que somente os bebês fazem, e os pais devem corrigir esse mau costume o mais rápido possível. O problema é quando os próprios pais seguram os *hashi* dessa forma.

Assim, é durante esse período "infantil" que se realiza um rigorosíssimo aprendizado de etiqueta básica. Juntamente com isso, aprende-se o básico da dança. E, se a menina for considerada inapta nesse período, dizem-lhe: "Pode ir embora daqui!", e ainda complementam: "Quem é capaz de perseverar aqui é capaz de perseverar em qualquer lugar do mundo quando deixar este local. Mas quem não é capaz de perseverar aqui não é capaz de perseverar em nenhum lugar!".

Se a menina for considerada apta, ela passa por uma prova de dança e, se aprovada, finalmente se torna uma das *maiko*. A partir disso, começa um serviço ininterrupto como *maiko* durante seis a sete anos, entre os 15 e os 20 anos de idade, mais ou menos. Nesse ínterim, ela não tem nenhuma liberdade, passando por treinamentos extremamente rígidos de dança, acompanhamento musical

---
8   Termo usado para se referir à mulher responsável por um local de entretenimento (bar ou casa de gueixas). (N. do T.)
9   Tigela de comida. (N. do T.)

(*hayashi*), canto (*nagauta*) e cerimônia do chá, entre outras artes. E, caso desista no meio do caminho, é obrigada a ressarcir todas as despesas incorridas no período.

Só existe uma única vida que pode ser considerada o meu "Eu"

Durante o período em que a menina é uma *maiko*, precisa manter um penteado característico, até mesmo na hora de dormir. Deve usar um travesseiro especial, chamado *hakomakura*[10], para evitar que o cabelo fique desarrumado. Toda semana, o penteado é desfeito e o cabelo é lavado, para que na manhã seguinte seja refeito. Como o penteado deve permanecer intocado, nem nas horas de sono é possível relaxar.

Enquanto ouvia as histórias contadas alternadamente por Suzuno e Suzuya, lembrei-me de minha mãe. Para ser mais exata, das histórias que minha mãe recordava sobre as regras de etiqueta ensinadas por sua sogra, uma típica mulher da Era Meiji, nascida no final da Era Edo, ainda no xogunato Tokugawa, e que viveu pelas Eras Meiji e Taisho.

Mesmo quando saía para o campo, ela tinha de manter o penteado sempre perfeito, usar o tecido para cobrir a cabeça e amarrar a faixa na cintura de forma correta. A sogra dela era muito bonita e sua beleza era famosa na vila. Minha mãe dizia que sua sogra não gostava de ver nem um fio de cabelo solto e frequentemente arrumava os desalinhos do cabelo de minha mãe. Dessa forma, ela tinha de dormir com o *hakomakura* encostado ligeiramente no rosto para que o penteado não se desarrumasse. No fim, minha mãe adotou esse costume e não largou o *hakomakura* até falecer, aos 80 anos. No Japão antigo, havia uma educação de primeiríssima linha, cujas regras de etiqueta consideravam uma vergonha até mesmo o desalinho da pessoa durante o sono. Quem poderia imaginar que essa maravilhosa educação ainda continuava viva no universo das gueixas... Eu estava simplesmente assombrada.

As últimas palavras de Suzuno foram ainda mais marcantes: "Eu empenho todas as forças para viver como uma profissional neste mundo extremamente rigoroso. Uma gueixa do Japão é uma gueixa do mundo. E o único lugar onde as gueixas existem é em Quioto, no Japão. Portanto, nós, gueixas, devemos viver de forma digna em toda e qualquer situação, não importa quando, onde ou quem nos olhe. Esse é o preceito pétreo que as gueixas de Quioto seguem".

---

10 Travesseiro de madeira. (N. do T.)

No trem, enquanto eu voltava, as palavras dela – "Uma gueixa do Japão é uma gueixa do mundo. E o único lugar onde as gueixas existem é em Quioto, no Japão" – ecoavam sem parar na minha cabeça.

Pensando um pouco, esta vida à qual chamamos de "eu" é uma existência única neste mundo. A flor que desabrocha na linha férrea, o gato que brinca em frente a ela, todas as vidas são únicas neste planeta. E, por serem únicas, são incomparáveis. Quantas pessoas no Japão de hoje, no mundo atual, percebem o valor da vida e a valorizam?

Na sociedade humana, que visa ao lucro, acostumou-se a encarar tudo como meros bens de consumo, que podem e devem ser trocados quando ficarem obsoletos. Com isso, muitas pessoas de hoje passaram a acreditar que a nossa vida e a vida dos outros também são bens de consumo e, quando se sentem desvalorizadas, acabam tristemente se considerando obsoletas, como se a sua vida não tivesse mais nenhum valor. Não importa a situação, a vida é sempre preciosa e inestimável, pois não haverá uma segunda vida como esta e ninguém terá uma vida igual à sua, pois a sua vida é algo totalmente único, sustentado por todo o Universo.

Considerar todas as pessoas como mestres da sua vida

Diz-se que Eiji Yoshikawa manteve até o fim da vida a postura de querer aprender com tudo e com todos, tendo como lema as palavras de Musashi Miyamoto na obra *Livro dos Cinco Anéis*: "Todas as pessoas são meus mestres".

Poucos sabem que a ideia de construir as famosas 53 estalagens da Estrada Tokaido, no Japão, vem do *Avatamsaka Sutra*, ou *Kegonkyo* – o *Sutra Guirlanda das Flores*. Nele, conta-se a história de Sudhanakumara (Zenzai Doji), que, seguindo as orientações de seu mestre, o Bodisatva Manjusri (Monju Bosatsu), partiu para uma viagem de iluminação, visitando 53 sábios (mestres) até alcançar o estado mental de Buda. O interessante é saber quem eram esses 53 sábios. Obviamente havia monges, mas também políticos, acadêmicos, comerciantes, lavradores e até mesmo prostitutas, tidas como as pessoas mais baixas e indignas da época. Todos eles são tratados como manifestações de Budas e Bodisatvas, sendo considerados mestres nessa busca pela iluminação. Ou seja, é um ensinamento para que consideremos todas as pessoas como mestres da nossa vida, sábios com os quais muito devemos aprender.

Isso se refletiu na Estrada Tokaido: tendo Nihonbashi, em Edo (atual Tóquio), como ponto de partida, foram instaladas 53 estalagens no trajeto rumo à capital, Quioto, associada ao estado mental de Buda. E é muito interessante constatar que o projeto urbanístico de Quioto foi feito de forma a se assemelhar a uma *okesa*[11] budista.

Diz-se que "os encontros são o tesouro da vida". E, para mim, foi uma enorme alegria poder saborear de novo o significado das palavras do *Kegonkyo* por meio do encontro com Suzuno e Suzuya.

Existe também um ditado que reza: "Tenha um bom mestre e bons amigos". Seu significado é um pouco diferente do ensinamento "Aprenda tendo a tudo e a todos como seu mestre". O mestre Dogen chegou a dizer: "Se não conseguir um mestre correto, então é melhor não aprender". E ainda ensinou: "Mesmo que seja um processo penoso ou desalentador, aproxime-se dos bons amigos". São ensinamentos extremamente importantes e pode-se dizer que são orientações bondosas, de importância fundamental especialmente àqueles que estão com o espírito mais fragilizado. Isso porque as pessoas sem imunidade ou anticorpos acabam sendo facilmente infectadas.

Mas, quando se dá um passo à frente, ou, ainda, quando não há como escapar de uma situação totalmente negativa, devem-se encarar essas adversidades também como mestres. Ter essa postura é o mais importante.

Como exemplo de pessoa que utilizou as adversidades como mestras para despertar o seu anseio pela iluminação, pode-se citar o Roshi Kodo Sawaki[12]. Nascido na província de Mie, aos 5 anos ele perdeu a mãe e aos 8, o pai. Foi então confiado aos cuidados do tio, mas este faleceu no mesmo ano e, por fim, ele acabou adotado por um homem chamado Bunkichi Sawaki, um fabricante de lanternas. Além de ter de conviver com sua mãe adotiva, uma ex-meretriz altamente histérica, todos os dias ele servia de vigia ou de faz-tudo em casas de jogos ilegais. Não suportando mais essa condição, em que chafurdava na escória da vida humana, decidiu dar um basta em tudo e saiu de casa. Na primavera dos seus 17 anos, portando apenas pouco mais de 3 bolinhos de arroz e uma lanterna à moda de Odawara, além da roupa do corpo, correu dia e noite para que não fosse descoberto e levado de volta, até chegar ao templo Eiheiji.

---

11 Manto usado sobre os outros hábitos monásticos. Pode ser de sete ou mais tiras de tecido que, costuradas juntas, formam a imagem de um campo de plantação, símbolo dos discípulos de Buda. (N. do T.)

12 Tendo vivido de 1880 a 1965, é considerado por alguns o mais importante mestre Zen japonês do século XX. (N. do T.)

"Sou um monge; portanto raspei a cabeça, vesti a *okesa* e agora tudo o que faço é *zazen*"; "E simplesmente caminho para lá". Devemos gravar em nosso coração o fato de que um dos motivos para o nascimento de um grande mestre do Zen foram exatamente as agruras e adversidades que ele vivenciou.

Esta vida é a sua vida

Do mar de tristeza

Esperei alguns minutos, absorta na tranquilidade emanada pelo quadro que representa o Angkor Wat[13], cuja silhueta se erguia na face do lago e no céu azul da noite, polvilhado de estrelas douradas e iluminado pelo luar. Foi quando entrou o professor Ikuo Hirayama, ele próprio uma encarnação da serenidade transmitida pelo quadro. Tive a ventura de conseguir construir essa ligação boa e bela com o professor, e foi graças a ela que pude conversar com ele no hotel Koyanagi, nas termas de Asama, sob uma chuva de pétalas de flores de cerejeira.

O professor Hirayama foi uma das vítimas da bomba atômica de Hiroshima, em 6 de agosto de 1945, quando atuava no movimento estudantil. Por um triz, conseguiu refugiar-se em um abrigo e sobreviveu.

Em um instante, a cidade de Hiroshima se transformou no inferno na Terra. Havia pessoas tombadas como pedregulhos, gemendo, banhadas em sangue, com os ossos à mostra, soterradas pelas casas, com a pele pendurada como farrapos, com os olhos literalmente fora das órbitas, pendurados no rosto... Praticamente todas estavam imersas no sofrimento em seus últimos estertores. O jovem Ikuo Hirayama, então com 15 anos, fugiu de Hiroshima em desespero, tendo atrás de si a ameaça das chamas que se aproximavam inclementes. Foram quase dez horas de caminhada até sua terra natal, a Ilha Ikuchi-jima, que fica no mar interior de Seto.

Tudo o que eu fazia era juntar as mãos em uma rápida oração por elas, enquanto tentava fugir desesperadamente de lá. Andava sem parar, fingindo que não via nem ouvia nada. Quantas pessoas devo ter abandonado à própria sorte? Centenas, milhares? Será

---

13 Situado no Camboja, é considerado a maior estrutura religiosa já construída e um dos tesouros arqueológicos mais importantes do mundo. (N. do T.)

que aquelas pessoas que eu abandonei foram reduzidas a cinzas por aquelas chamas?
Será que você é capaz de encarar os seus amigos e mesmo os desconhecidos que pereceram "naquele dia"? O que você fez até agora pelas pessoas que morreram? Tudo o que você fez até agora foi ficar mais velho...
Eu não consigo deixar de pensar que a vida daqueles que pereceram no maior erro já cometido pela humanidade só será salva através da nossa vida, a vida dos que sobreviveram. E a única forma de salvar aqueles que morreram e a nós mesmos é viver de uma forma digna e em arrependimento pelo erro.[14]

Já se passou meio século depois desse dia. Ao contar suas memórias daquele período, era possível sentir no professor Hirayama a vontade ardente de um Bodisatva que decidiu dedicar sua vida a honrar, expiar e salvar a vida das vítimas da hecatombe. A tristeza que jamais vai embora, que jamais pode ser esquecida, impregnou-se nos níveis mais profundos do seu ser para brotar mansamente e de forma límpida como um mar de tristeza, criando uma imagem digna de um ícone religioso. Ao mesmo tempo, talvez esse mar tenha sido a força motriz que o impulsionou a agir para proteger patrimônios culturais e tesouros da humanidade como o Angkor Wat do desgaste e da destruição.

Certamente, é impossível falar do professor Hirayama sem levar em conta sua experiência extrema em Hiroshima sob os efeitos da bomba atômica, que causou inúmeras sequelas em seu corpo, a ponto de ele ter visto várias vezes a morte de perto. Sem essas experiências, o professor Hirayama jamais seria o que é hoje.

Começar do zero

Assim como uma pessoa é levada pelo sofrimento da doença a procurar um médico, ouvir suas palavras e tomar os remédios prescritos, também é levada pelo sofrimento a procurar a iluminação interior, limpar seus ouvidos, utilizar sua antena para se encontrar com as pessoas certas e obter os ensinamentos necessários. Sempre pensei que "a salvação não vem pela fuga do sofrimento; a salvação ocorre pelo próprio sofrimento; é o sofrimento que nos guia à salva-

---

14 Trechos do livro *Yukyu no nagare no naka ni*, de Ikuo Hirayama (Editora Mikasa Shobo). Ainda não editado em português, o título pode ser traduzido como *No Fluxo do Infinito*. (N. do T.)

ção". E a expressão máxima do sofrimento é a "morte". As mortes em Hiroshima, e a sombra da morte que com frequência pairava sobre sua cabeça. E o mundo que só é possível ver através desse prisma, que só é possível perceber após passar por tal experiência, esse foi o ponto de partida para a vida e a obra do professor Hirayama.

O ensinamento "Quando a lama é muita, o Buda também se torna grande" nos diz que toda a lama de tristeza e sofrimento da nossa vida deve ser absorvida e transformada por nós para que a belíssima flor de lótus possa surgir. Tive a impressão de que a vida do professor Hirayama era um exemplo vivo desse ensinamento budista e disse isso a ele no começo da nossa conversa. Prontamente, o professor Hirayama respondeu, de forma a não deixar dúvidas: "Tudo isso é graças ao meu pai".

O pai do professor Hirayama também é da Ilha Ikuchi-jima e, após formar-se pelo Departamento de Política e Economia da Universidade de Waseda, passou a trabalhar como jornalista em Nagoia. Mas, movido por uma forte vontade de tornar-se monge, foi admitido em um templo da Soto Shu, onde praticou com afinco durante três anos. Quando saiu do templo, seu Roshi lhe disse: "A misericórdia deve ser o seu pilar principal até o fim da vida", e ele seguiu esse ensinamento à risca. Além disso, ao acordar, a primeira coisa que fazia era praticar *zazen* e ler os sutras budistas diante do altar. E essa rotina foi mantida todos os dias até a sua morte.

Em razão do seu nível de instrução, sua personalidade e sua fé, foi admitido na família Hirayama quando do seu casamento. Essa família era centenária, uma das mais ricas da ilha e, por ter sido adotado por ela, ele declarou:

"Graças a um mero acaso, vim para uma família de posses. Mas, por isso, tornei-me um frouxo. Realmente, o ser humano só consegue alcançar algo de verdade quando começa do zero. (...) E, para o bem de vocês, eu vou abandonar todas as riquezas da família. Como diz o ditado popular: 'Para o bem dos filhos e netos, não se compra uma lavoura boa'."[15] E ele realmente cumpriu com sua palavra. Apesar de assumir diversos postos honorários de destaque, jamais recebeu um tostão. Pelo contrário, serviu de avalista a diversas pessoas e jamais cobrava de volta o dinheiro que emprestava. Além disso, era o primeiro a fazer doações aos necessitados ou a templos, em quantias

---

15 Trecho de *Kinu no michi kara Yamato e*, de Ikuo Hirayama (Editora Kodansha). Em português, poderia ser traduzido como *Da Rota da Seda para o Japão*. (N. do T.)

mais vultosas que o normal. Assim, quando o professor Hirayama tinha por volta de 30 anos, a família estava completamente falida, mas seu pai estava totalmente tranquilo quanto a isso.

O próprio professor Hirayama, quando passou a se sustentar, chegou a enviar dinheiro aos pais para que pudessem ter uma vida sem grandes preocupações, mas o pai invariavelmente doava tudo a instituições assistenciais ou a templos, preferindo viver em extrema frugalidade. Uma vez, o professor Hirayama decidiu que levaria os pais à China e enviou dinheiro para que eles pudessem gastar com os preparativos (como roupas). No dia da partida, o pai apareceu com as mesmas roupas de sempre. Surpreso, o professor perguntou o que havia acontecido, e o pai respondeu, sorrindo: "Doei tudo a instituições de caridade". À primeira vista, era uma pessoa bastante singular e, ao mesmo tempo, louvável.

A começar pelo próprio Shakyamuni Buda, muitos dos antigos mestres que transmitiram os ensinamentos budistas até os dias de hoje chegaram a abandonar tudo por completo e se dedicar exclusivamente ao Caminho. Entretanto, raros são aqueles que fizeram o mesmo, apesar de não serem monges.

Para a sociedade, conseguir posses e riquezas é sinônimo de sucesso, e todos acreditam piamente que isso é uma questão de honra. Nesse contexto, o pai do professor gastou em prol dos outros toda a fortuna da família, acumulada por várias gerações, a ponto de decretar falência. E ainda nem era membro da família originalmente, tendo só ingressado nela por meio do casamento. Assim, são absolutamente dignas de louvor as atitudes tomadas por ele, bem como merece elogios sua mãe, que seguiu os mesmos passos.

A semeadura e o preparo do campo em termos religiosos

Ao ser solicitado a ensinar a essência da religião em uma frase, o monge Ippen disse apenas: "Abandonar". Um outro sábio antigo disse: "Ter um espírito que não carrega nada". Como uma das expressões desse desprendimento, há as doações para caridade. Mas certamente devem ser poucas as pessoas que mostram um nível de desprendimento tão elevado quanto o pai do professor Hirayama.

E o professor herdou o sangue de seu pai e cresceu vivenciando o estilo de vida perseguido por ele. "Quando eu era criança, volta e meia pulava nas costas do meu pai enquanto ele praticava *zazen*. Mas, depois, também ficava ao lado dele, imitando seu *zazen*. Certa vez, perguntei-lhe: 'O que o senhor queria ser na realidade?'. Ao que ele respondeu: 'Um mestre Zen do templo Eiheiji'. Acredito que só sou o que sou hoje graças a esse estilo de vida do meu pai." Essas foram as palavras que ele me disse, das quais transbordavam seus sentimentos.

É necessário deixar claro que "ser um mestre Zen do templo Eiheiji" não é de maneira alguma o prestigioso posto que as pessoas comuns tendem a acreditar. Essas palavras refletem pura e simplesmente a vontade que ele tinha de viver como um monge Zen seguindo os ensinamentos do mestre Dogen.

Ao ouvir essas histórias acerca do pai do professor Hirayama, percebi que havia negligenciado algo muito importante até então. Como escrevi anteriormente, pensava que, assim como uma pessoa é levada pelo sofrimento da doença a procurar um médico, ouvir suas palavras e tomar os remédios prescritos, também é levada pelo sofrimento a procurar a iluminação interior, limpar seus ouvidos e despertar para a maravilhosa verdade sobre a vida, verdade essa que não poderia ser alcançada senão através do sofrimento. Era isso o que eu contava para os outros. Tudo isso continua sendo verdadeiro.

Mas temos de considerar também que há pessoas que, por mais sofrimento que lhes sobrevenha, por mais que se debatam no mar do sofrimento, não se dirigem ao caminho da iluminação, não ouvem as palavras de Buda. Se não houver uma semeadura, um preparo do campo em termos religiosos nas camadas mais profundas do coração da pessoa, o sofrimento jamais deixará de ser sofrimento, a lama jamais passará a ser algo diferente de lama. E ainda há pessoas em cuja vida o sofrimento se acumula e se transforma em uma bola de neve, engolindo-as impiedosamente. Foi essa verdade que percebi ao ouvir as histórias do professor.

Havia um ponto de partida bem definido que permitiu que o professor Hirayama transformasse uma experiência agonizante e extrema como a bomba atômica em um retrato religioso vivo e profundo, impulsionando-o ainda a agir para salvar e proteger os patrimônios culturais da humanidade. E esse ponto era exatamente a semeadura, o preparo e a adubagem do campo em termos religiosos, realizados através da vida extremamente religiosa de seu pai, que influenciou de maneira decisiva a infância do professor. E isso me fez pensar de novo sobre a responsabilidade que os pais têm na educação e criação dos filhos.

Entre as pessoas que muito influenciaram a vida do professor Hirayama, pode-se citar o seu tio-avô (irmão mais velho de sua avó materna), Nanzan Shimizu. Ele era professor de escultura e cinzel na Escola de Artes de Tóquio[16] e dizia à exaustão: "Não quero que você seja um pintor apenas habilidoso. Por mais que as suas técnicas se desenvolvam, logo você estará em um beco sem saída. Isso porque o elemento mais importante, que é o seu espírito, não está desenvolvido. Somente quando você tiver uma educação refinada é que o seu caminho como pintor irá se desfraldar à sua frente". Assim, ele ordenou que o professor ganhasse uma sólida base como ser humano, aprendendo com os textos clássicos de filosofia, religião e literatura, embora esses conhecimentos não tivessem nenhuma ligação direta com a pintura em si.

Um ensinamento ainda mais fantástico do tio-avô foi: "Durante pelo menos dez anos, você está proibido de se sustentar por meio dos seus desenhos. Se realmente precisar de dinheiro, trabalhe. Mas nunca dependa das suas pinturas". Essa foi a instrução extremamente rigorosa que lhe foi passada, e o professor Hirayama a cumpriu à risca. Por mais pobre e desesperado que estivesse, ele jamais dependeu das suas pinturas para sobreviver.

O poder da concentração e o que o corpo aprendeu no dia a dia

Nessa época, o professor Hirayama tinha assumido um posto de muita responsabilidade, a cadeira de reitor da Universidade de Artes de Tóquio. Ao mesmo tempo, ele havia criado a Fundação para a Preservação e Restauro de Patrimônios Culturais, cujo objetivo era servir como uma Cruz Vermelha para os patrimônios culturais da humanidade, o que o obrigava a ter uma atuação internacional com uma agenda permanentemente lotada. Além de tudo isso, ele ainda estava encarregado da criação dos murais para o Genjo Sanzo-in, um *saṃghārāma (garan)* dedicado ao monge chinês Genjo Sanzo (Xuanzang) que se situa no templo Yakushi-ji, em Nara. O gigantesco mural tem 2,15 metros de altura por 49 de largura e retrata os 17 anos da viagem empreendida por Genjo Sanzo, como descrita na obra de sua autoria, *Dà Táng Xīyù Jì (Daito Saiiki-ki)*. A previsão para o término da obra era a última hora do dia 31 de dezembro de 2000, ou seja, o último instante do século 20. Como seria dedicado a Genjo Sanzo, o mural ficou resguardado do olhar do público até o seu término. Além disso,

---

16 Atual Universidade de Artes de Tóquio (em japonês, Tokyo Geijutsu Daigaku ou, simplesmente, Geidai). (N. do T.)

para manter a saúde, o professor parou de beber e passou a caminhar pelo menos três quilômetros todos os dias.

É uma pessoa ocupadíssima, mas sempre consegue abrir uma brecha para segurar o pincel e pintar pelo menos uma vez por dia. Ele diz: "Não adianta segurar o pincel por longos períodos de tempo para que a sua pintura fique boa. Tudo depende da sua concentração. E as suas técnicas não importam. A pintura reflete nada mais nada menos que aquilo que o artista dominou ao longo do tempo, o que o seu corpo aprendeu no dia a dia".

Isso é algo terrível. Significa que os 50, 60 anos de vida de uma pessoa se refletem de maneira inconfundível na pintura. A obra conta de forma eloquente tudo o que a pessoa fez na vida, como ela enfrentou e superou os seus altos e baixos.

Esta vida é a sua vida. Esta vida é a minha vida. Como devo encarar e viver a minha vida? A resposta para essa pergunta se transforma em uma pintura ou, ainda, em uma obra de caligrafia. Claro, como se trata de uma expressão artística, é necessário o treinamento de técnicas, mas isso não é o mais importante. O mais importante é saber o que o artista faz com a sua vida. E é óbvio que as tentativas de encobrir isso com técnicas vão acabar em um fracasso retumbante.

Isso vale para tudo. Para cantar uma música, um cantor que foca exclusivamente nas técnicas vocais para se destacar, negligenciando os seus esforços para aprofundar e elevar a sua pessoa, será conhecido por cantar de uma forma sem graça e a sua vida de artista será breve. A mesma coisa vale para a caligrafia. Os calígrafos que valorizam demais as técnicas podem compor a caligrafia que quiserem e suas caligrafias podem decorar a casa de muitos, mas as pessoas irão enjoar rapidamente. Por outro lado, a caligrafia de um monge Zen pode parecer infantil à primeira vista, mas quanto mais se analisa, mais profunda se revela e melhor se pode apreciá-la. Provavelmente isso ocorre porque a pessoa que contempla a obra não é tocada pela técnica em si, mas pela vida da pessoa que se revela por meio da caligrafia.

O monge, calígrafo e poeta Ryokan produziu caligrafias que, à primeira vista, parecem rabiscos feitos por crianças do jardim da infância. Mas, a cada vez que se aprecia a sua obra, é possível perceber uma profundidade ímpar. Ou seja, a caligrafia de Ryokan é fruto da sua vida como um santo errante e, portanto, é impossível que seja imitada facilmente.

A sua vida se torna a sua obra

Uma das coisas que Basho, o grande expoente da poesia haicai, dizia com frequência aos seus discípulos era: "Na poesia, existe o ser e o fazer. Quem se preocupa em aprimorar o seu interior e aplicar o seu aprendizado para interagir com o mundo exterior verá que as criações que brotam do seu coração passam a ser o poema. Já aquele que não aprimora o seu interior é incapaz de ter criações próprias para ser o poema; portanto é obrigado a utilizar-se do seu ego para fazer com que o poema surja". Valorizar cada segundo da sua existência, de forma que ela se torne naturalmente a sua obra. O ensinamento que Basho transmite é rigoroso: antes de compreender e dominar a sua obra, deve-se compreender e dominar a sua vida.

Em japonês, a palavra "prática" (*shugyo*) pode ter duas formas diferentes de escrita. Na primeira, indica o aprimoramento em termos técnicos e, implicitamente, que há um processo de desenvolvimento e ponto final. Ao mesmo tempo, há uma armadilha inerente nesse processo: um erro pode levar a uma disputa com terceiros, um sucesso pode levar à arrogância e um fracasso pode levar a um complexo de inferioridade.

Na segunda forma, a palavra indica um modo de vida. O importante é a postura com que a pessoa lida com a própria vida, a forma com que vive a sua vida. E isso é algo que não tem um ponto final – pelo contrário, depois de algum tempo, é possível perceber que se pode aprofundar sempre e cada vez mais. Assim, deve-se ter o "aprimoramento" na sua segunda forma como a postura básica de vida, aplicando-se o "aprimoramento" na primeira forma de acordo com a necessidade. Se a pessoa concentrar-se apenas na primeira forma, não adianta o quanto se "aprimore" – ela sempre irá chegar a uma barreira intransponível. Foi isso que Basho quis dizer com *ser* e *fazer* e certamente foi essa a advertência dada por Nanzan Shimizu, o tio-avô do professor Hirayama.

Pensando que a pintura conta toda a vida da pessoa e revendo a obra do professor Hirayama, é possível enxergar muitas coisas. A primeira é o tema budista, que se reflete no quadro *Transmissão do Budismo* (*Bukkyo Denrai*), e a serenidade que flui dele. Isso só pode ser possível a partir do mundo solitário, vazio e silencioso que apenas os sobreviventes da bomba atômica são capazes de criar. E, a partir desse mundo, fulguram raios de salvação e de oração. As cores básicas utilizadas são o azul do Mar Interno de Seto, onde ele cresceu, e o amarelo do Deserto da Rota da Seda, que ele percorreu em toda a sua vida.

No último capítulo de seu livro *No Fluxo do Infinito*, o professor Hirayama afirma: "A ambição positiva não surge apenas quando você é jovem ou quando ainda não conquistou nada. Pelo contrário, o importante é exatamente fomentar essa ambição quando já alcançou o que queria, para que possa desbravar novos mundos. Essa é a visão que a pessoa tem sobre a sua vida, é o valor que ela dá à sua vida, é a sua filosofia de vida". Essa é uma outra maneira de se referir ao aprimoramento na segunda forma, na qual é possível perceber que se pode aprofundar sempre e cada vez mais. A cada passo, cria-se a humildade para perceber que há algo faltando, portanto aprofunda-se um pouco mais, eleva-se um pouco mais.

Não basta ingerir uma única vez os alimentos para sustentar o seu corpo físico. Deve-se ingeri-los ao longo da vida inteira. Da mesma forma, se não ingerir com sofreguidão os alimentos para o espírito, a vida da sua alma acaba se extinguindo. Sendo assim, como é que muitas pessoas sentem sono quando se fala dos alimentos para o espírito e despertam imediatamente quando se fala dos alimentos para o corpo? Provavelmente, foi a isso que o mestre Zen Dogen se referiu quando afirmou que "o Caminho não tem limites".

Eu já disse a certa pessoa: "Não quero arder como a chama, mas como a água silenciosa que apaga a chama". E foi uma grande felicidade perceber esse espírito de ambição positiva que reside no coração do professor Hirayama, esse espírito que arde silenciosamente como a água.

A conversa com o professor Hirayama foi breve, das 9h até as 10h10 da manhã. Nesse dia, ele tinha uma palestra em Matsumoto às 10h30, e eu tinha uma palestra em Quioto e precisava pegar o trem das 11h. Mas, durante a conversa, ele disse: "O tempo durante o qual você pega no pincel não importa. Se estiver concentrado, é possível transformar uma hora em dez". Com efeito, esse foi um encontro precioso e extremamente frutífero. Foi com gratidão que parti de Asama.

Levar as coisas a sério

O momento em que não existe o "de novo"

Os bronzes budistas ressoam bondosos...
O som do sino desaparece nos horizontes da manhã ainda escura. No coração de cada monja, brota a constatação inevitável: "Este é o último momento em que estarei praticando *zazen* com todas estas pessoas neste recinto, ao som deste sino". Dentro de algumas horas,

cada uma deve vestir-se como *unsui*[17], tendo em mãos o chapéu de palha, e partir deste centro de meditação.

As lembranças dos dois, três, quatro, cinco anos passados neste templo correm céleres pela memória. Olhando para trás, tudo se torna uma lembrança querida. Mesmo as discussões, a frustração por ter perdido nas argumentações com determinada pessoa, o frio cortante das 4h da manhã para tocar o sino da alvorada, o suor derramado na limpeza do jardim, misturado com as inúmeras picadas de pernilongos no verão... tudo brilha como se fossem diamantes. Mesmo as coisas que causaram tanta indignação ou sofrimento na hora em que ocorreram...

Os últimos toques do sino se vão, assinalando que em breve o *zazen* estará terminado. Um momento da mais pura tranquilidade e silêncio. "Se eu pudesse, faria com que o tempo se congelasse agora", "Quero aproveitar mais um pouco deste instante inestimável e maravilhoso em que posso me sentar aqui com todas, apreciando este silêncio profundo...". Ninguém verbaliza seus sentimentos, mas tudo isso pode ser nitidamente sentido no ar entre as monjas que estão voltadas para a parede praticando *zazen*.

Como presente de despedida, eu disse o seguinte:

É maravilhoso existir um fim para todas as coisas. É muito bom haver estes momentos em que não existe o "de novo". Não importa se tudo foi resolvido ou não, não importa se teve sucesso ou não; quando chega a hora, acabou. Fim. Não há mais possibilidade de fazer de novo, não há mais chance de consertar algo; as feridas abertas são deixadas abertas e tudo é gravado no livro da nossa vida, que temos de carregar.

É somente nessa hora, apenas quando não mais existe o "de novo", o momento do fim, da despedida, que podemos ter pela primeira vez uma visão geral do panorama, compreender o significado da vida nesse período de tempo e, assim, saber como se deve passar cada dia, cada hora, cada segundo nessa situação.

Mais do que isso, depois de partir daqui para paragens longínquas e olhar para trás após muitos e longos anos, é certo que tudo estará revestido de uma beleza ímpar e ainda mais preciosa.

Por mais belo que seja o Monte Fuji, quando você efetivamente o sobe, não consegue enxergar sua bela silhueta no horizonte. Tudo o que vê é a montanha de lixo deixada pelas pessoas que o escalam e

---

17 Monge andarilho. (N. do T.)

uma paisagem de pedras e rochas nuas. Mas, quando olha de longe, vê a maravilhosa e incomparável figura do Monte Fuji. Mesmo quando estiver subindo o monte, tropeçando nas pedras e rasgando sua pele, limpando as pilhas de lixo que estão ao seu redor, você jamais pode se esquecer da bela e altiva silhueta do Monte Fuji. Não se pode permitir que a dor do sangramento e a feiura do lixo ceguem seus olhos e seu coração e a façam esquecer-se da beleza do Monte Fuji, que leva emoção, paz e coragem a tanta gente.

Apesar de estar imersa na situação, deve cultivar a capacidade de estar sempre desperta e olhar as coisas sob uma perspectiva mais ampla, para que possa caminhar passo a passo sem se desviar do caminho. E que os frutos e constatações colhidos no fim de uma etapa possam ser bem utilizados na próxima etapa da vida de cada uma.

Pressionado ao limite

Aos 24 anos, em busca de uma maior compreensão do Caminho, o mestre Zen Dogen foi para a China, que vivia a dinastia Song, e praticou no templo Keitoku, no Monte Tendo.

Em uma tarde de verão, quando o Sol brilhava inclemente, ele viu um *tenzo*[18] ancião secando cogumelos *shiitake*. Mestre Dogen aproximou-se e, cumprimentando-o pelo trabalho, disse: "É um trabalho que uma pessoa de idade como o senhor não precisa mais fazer. Por que não deixar para os mais jovens ou para pessoas de hierarquia mais baixa?". Ao que o *tenzo* respondeu simplesmente: "Os outros não são eu". Em outras palavras: "Se deixar o trabalho para os outros, serão os outros que se beneficiarão e irão se aprimorar, não eu. O meu aprimoramento deve ser feito por meio do meu suor e do meu trabalho".

Tomado de sobressalto por essa resposta, mestre Dogen continuou: "Mas, pelo menos, o senhor poderia fazer esse trabalho mais tarde, em vez de ficar sob este sol escaldante". E o *tenzo* retrucou: "Por qual momento devo esperar?". Ou seja: "Por acaso, acha que existe o 'mais tarde'?".

Não há uma única pessoa que tenha a garantia de uma vida infinita, nem que continuará vivendo no dia seguinte, nem ainda que estará viva no segundo seguinte. Isso não vale só para o ser humano. Todas

---

18 Monge responsável pela preparação da comida. (N. do T.)

as formas de vida só podem viver o hoje, o agora. A qualquer momento podem perder sua vida. Mas, enquanto a morte inexorável não se apresenta de forma clara à nossa frente, como uma doença terminal ou uma pena de morte, preferimos nadar no mar da mediocridade. Acreditamos ingenuamente que existe o amanhã, e essa atitude de criança mimada faz com que o "agora" escorra por entre os nossos dedos.

O último momento no recinto de prática do templo – pode-se dizer que não há mais o amanhã no recinto. Mas o amanhã da sua vida é algo mais ou menos garantido e, dependendo do ponto de vista, é um novo dia para um novo começo. Depois do último momento da sua vida, porém, não há mais o "de novo". E somente ao se deparar com esse momento em que não existe mais o "de novo" é possível perceber, pela primeira vez, o peso da sua vida e, com isso, compreender como se deve viver.

Ao mesmo tempo, assim como é impossível ver a silhueta da montanha sem estar a uma certa distância dela, talvez seja impossível ver todo o panorama da sua vida sem se distanciar dela. Mas não adianta nada conseguir fazer isso só no momento da sua morte. Conseguir morrer enquanto ainda está vivo, aperfeiçoando-se internamente para descobrir o sentido da vida, essa deve ser a atitude de um praticante e esse deve ser o propósito do *zazen*, a meu ver.

Um certo homem de negócios disse: "Você só se torna um ser humano de verdade se vivenciar um fracasso no vestibular, um período de prisão ou uma grave doença". Pensando agora, praticamente todos os relatos e registros de vida que me comoveram até hoje eram de pessoas que sofriam de doenças terminais como o câncer, ou de condenados à morte, ou, ainda, de estudantes que fracassaram academicamente e, no meio das trevas do desespero e da desilusão, conseguiram vislumbrar um raio de esperança. Em outras palavras, pessoas que foram obrigadas a morrer durante a vida.

Somente quando tudo lhe é roubado, quando tudo está perdido, quando se encontra em um ponto extremo em que nenhum tipo de fuga ou escapatória é possível, é que o ser humano finalmente consegue agir como precisa e compreender como se deve viver. Mais do que isso, ele entende qual é a única forma aceitável de viver. Nesse sentido, pode-se dizer que a "morte" é um ponto de partida. E a pergunta "Por qual momento devo esperar?" só pode sair da boca de uma pessoa que realmente viu a morte se refletir na sua vida.

O câncer

*Foi o câncer
que marcou o início
de uma vida revista
E agora
irei partir*

A profundidade deste poema da senhora Ayako Suzuki, que faleceu de câncer aos 47 anos, é algo realmente tocante.

E, como presente de despedida às monjas que partiam do recinto de meditação, enviei-lhes as duas frases: "Os outros não são eu" e "Por qual momento devo esperar?".

Um passo a mais de profundidade, um passo a mais de elevação

Conhecer a própria pobreza

A monja K, dos Estados Unidos, praticava a cerimônia do chá havia cinco anos. Mas, infelizmente, o treinamento era pobre por uma série de motivos, tais como a impossibilidade de sua professora lecionar com uma frequência adequada.

Não havia variações de acordo com a estação do ano, nem instruções acerca da limpeza do chá, das cinzas e do carvão na cozinha da cerimônia. Obviamente não se sabia nem o que era o *Shichijishiki*[19] ou o *Chaji*[20]. O tempo passou sem que essas lacunas fossem preenchidas. E, devido ao tempo de prática, a monja recebeu uma graduação proporcional e manifestou a vontade de lecionar a cerimônia do chá depois de voltar aos Estados Unidos.

Eu me assustei, pois sabia da pobreza do seu treinamento. Ainda que compreendesse que essa pobreza advinha de fatos alheios à sua vontade, aconselhei-a de modo muito firme quando ela veio me visitar para me informar da sua mudança e do desejo de continuar a praticar a cerimônia do chá.

Você não precisa aprender tudo. Pode ser que, no final das contas, só fique mais confusa. Mesmo assim, vá procurar um bom mestre

---

19 Sete cerimônias de treinamento dentro da cerimônia do chá. (N. do T.)
20 Cerimônia do chá, em geral com a presença de várias pessoas, na qual se serve o chá acompanhado de uma refeição leve, chamada de *kaiseki ryori*. (N. do T.)

da cerimônia do chá, uma pessoa que possa lhe mostrar a profundidade e a amplitude da arte de tal maneira que você entenda que a cerimônia é de fato uma cultura que engloba inúmeras culturas. Escolha um bom mestre para enxergar quão profunda e grande é a arte do chá e para entender quão pouco você sabe, quão pobre é o seu conhecimento.

Suponha que a profundidade e a extensão da arte da cerimônia do chá sejam iguais a 100. E imagine que o conhecimento da monja K seja igual a 3. Há uma diferença abissal de postura entre ser levada pela ignorância e acreditar que conhece 100 quando só conhece 3 e entender que só conhece 3, mesmo que tenha uma visão apenas vaga do 100.

Acreditar que conhece 100, ignorando que, na verdade, conhece apenas 3, isso leva à arrogância. Por outro lado, ao conhecer 100 – mesmo que seja por alto, sem o seu domínio –, é possível olhar para si mesmo e reconhecer a pobreza de seus conhecimentos, o que leva naturalmente à humildade. Mesmo que o seu efetivo conhecimento continue sendo 3 de 100, a sua postura sofre uma mudança radical.

E isso não vale apenas para a cerimônia do chá, mas para tudo na vida.

Aceitar tudo sem distinção para conhecer a si mesmo

Uma das minhas citações favoritas é:

> Elevar-se para um andar superior do edifício
> no desejo de obter a visão de mil léguas

Esse é um trecho do poema de Wang Zhihuan, um poeta chinês da dinastia Tang, intitulado "Subindo na Torre da Cegonha" (*Kanjaku-ro ni noboru*, em japonês, ou *Dēng Guànquèlóu*, em chinês).

> O Sol brilhante se põe por detrás das montanhas
> O Rio Amarelo flui para dentro do oceano

O poeta anseia por subir a um andar acima para contemplar ainda melhor a paisagem magnífica.

O Roshi Kodo Sawaki costumava dizer: "O *zazen* é como subir uma montanha alta com uma vista ampla". Enquanto você estiver apenas no pé da montanha, só vai ser capaz de ver um panorama bem limitado. Se estiver dentro de uma mata fechada, só vai conseguir enxergar o que está perto de você. E as pessoas de antigamente advertiam quanto a isso, legando-nos ditados como "O sapo que está no poço é incapaz de conhecer a vastidão do oceano" e "Espiar o teto por entre os finos talos de junco".

Não podemos nos esquecer do esforço perene que devemos empreender para dar um passo a mais a fim de nos tornar mais profundos, um passo a mais para nos tornar mais elevados. Devemos conhecer a nós mesmos, este ser que não passa de um sapo no poço, esta pessoa que só espia o céu infinito por entre os finos talos de junco. •

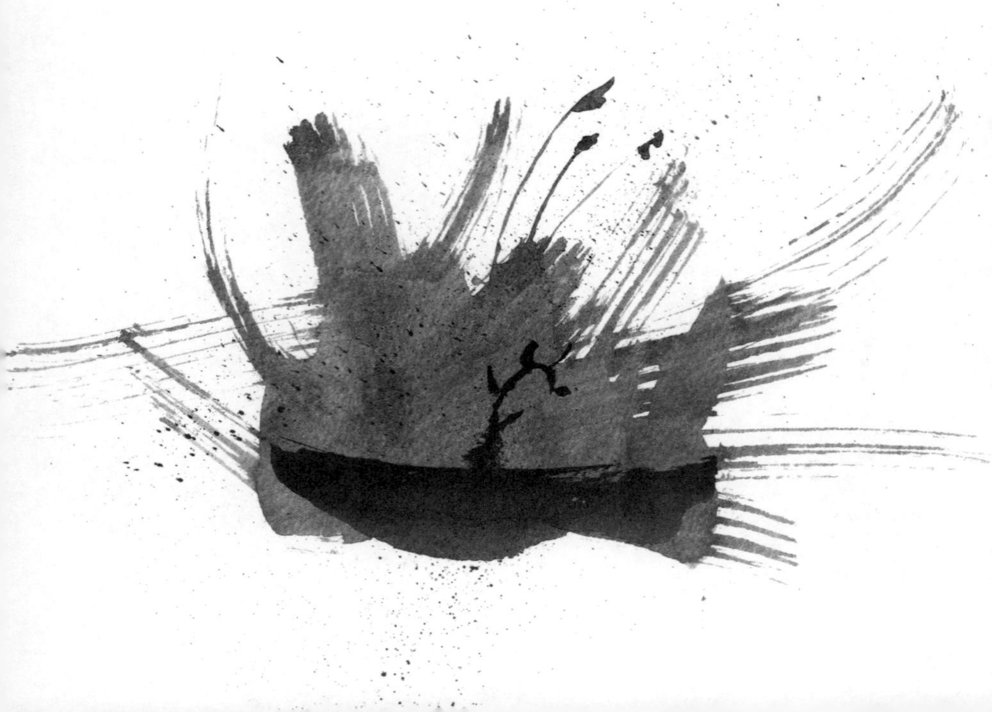

Capítulo 2

Transformar o "menos" em "mais"

Desenvolver o "outro eu"

A roupa chamada "minha vida"

Há algumas coisas que se devem levar em consideração na hora de costurar a roupa chamada "minha vida". A primeira é que devemos direcionar a agulha de costura na trajetória que *ela deve* percorrer, e não na trajetória que *nós queremos* que ela percorra.

O ser humano é volúvel. Um dos meus poemas favoritos é "Campo de esportes", composto por um estudante da quarta série.

> *Na hora de brincar, todos reclamam*
> *"Que campinho apertado! Que campinho apertado!"*
> *Na hora da limpeza matinal, todos reclamam*
> *"Que campo grande! Que campo grande!"*

É óbvio que o tamanho do campo não muda. Mas ele parece ser apertado na hora de brincar e grande na hora de limpar. Ou seja, tudo muda de acordo com a nossa conveniência. Essa é a regra básica do ser humano egoísta.

E o humor das pessoas varia até mesmo de acordo com a sua fome. Quando se está com fome, todos ficam de mau humor. Depois de um banquete com os seus pratos preferidos, todos ficam de bom humor. No zen-budismo, chama-se a isso de *shukuhan no nekki*, ou seja, "o calor da comida". *Shuku* é o desjejum e *han* é o almoço – logo, tudo depende da sua fome. Por mais que você se apresente como o campeão da justiça e brade a plenos pulmões contra o mal, na verdade tudo isso não passa de um efeito da sua fome ou da sua saciedade, sem merecer, portanto, muito crédito. Esse é o significado dessa expressão zen-budista.

Os dois "eus" que residem em mim

Neste momento, é possível perceber que há dois "eus" que residem dentro de mim. Um é egoísta, volúvel e hiperativo, enquanto o outro é mais frio, crítico e apaziguador.

O primeiro eu é aquele que reclama que o campo é apertado na hora de brincar e grande na hora de limpar. O outro eu é aquele que constata de forma crítica a existência desse egoísmo e conclui que o ser humano é egoísta e volúvel. E foi graças a essa dualidade que o poema acima pôde ser composto.

Há um poema de Chuya Nakahara[1] que diz:

Sobre a tristeza repleta de imundície
cai mansamente a neve de hoje
Sobre a tristeza repleta de imundície
sopra tranquilo o vento de hoje

O professor Kyuki Ota afirma: "Para que a sujeira reconheça a sujeira, é necessário ter algo que esteja imaculado". E esse poema de Chuya Nakahara existe exatamente porque há um "outro eu" imaculado que está desperto dentro de si. Para poder reconhecer a sujeira como sujeira e lastimar-se por ela, é imperativo que um "outro eu" esteja desperto e desenvolvido, de forma limpa e pura.

Shinran Shonin[2] chamava a si mesmo de "um tolo ordinário repleto de pecado" e dizia "o inferno é a minha morada". Apesar da diferença na forma de se expressar, o significado por trás é o mesmo, acredito eu.

Como criar, desenvolver e expandir esse "outro eu" imaculado que analisa, zela, consola e orienta de maneira firme, sábia e gentil o "eu" impuro e falho rumo à direção que devemos trilhar? Será que não podemos afirmar que está aí um grande propósito do nosso aperfeiçoamento interior?

Despertar o meu "outro eu"

Como despertar e criar esse "outro eu"? A solução é conhecer uma pessoa que vive de acordo com o ensinamento correto. É ter acesso ao ensinamento correto por meio dela. O ensinamento propriamente dito não caminha sozinho por aí. Ele só ganha vida quando é adotado e posto em prática pelas pessoas.

Fazendo um paralelo com a música, é como ter a partitura e conhecer um grande instrumentista que toque a música ao vivo. Não dá para ouvir a música apenas estudando a partitura. Devemos estudar a fundo as verdades que regem o Universo (a partitura) e ao mesmo tempo seguir um mestre para aprender a tocar essa música a cada segundo de nossa vida. O meu "outro eu" não vai conseguir crescer sem esse alimento que é a interpretação da "partitura" em todos os instantes da minha vida.

---

1   Poeta japonês do início do século XX (1907-1937). (N. do T.)
2   Mestre fundador da escola Jodo Shinshu, o Budismo da Terra Pura (1173-1263). (N. do T.)

Além disso, o ser humano é fraco. Sozinho, ele acaba perdendo para si mesmo. Assim, deve-se sempre estar num círculo de pessoas com o mesmo ideal, ou em situações em que não há escapatória senão agir. Como reza o ditado popular: "Junta-te aos bons e serás como eles; junta-te aos maus e serás pior do que eles". Deve-se tomar cuidado porque o mal também se multiplica no meio da multidão. Entretanto, no seio das pessoas de bem voltadas para o aprimoramento interior, é possível extrair uma energia e uma força gigantescas para o seu progresso.

E é só assim, desenvolvendo esse "outro eu", que é possível cuidar do seu "eu" mimado e direcionar a agulha de costura na direção que ela deve percorrer para costurar a roupa chamada "minha vida".

A segunda coisa que se deve ter em mente para costurar essa "roupa" é valorizar cada movimento da agulha. Vamos olhar para o modo como levamos a nossa vida. Será que não empregamos o máximo de esforço nas situações em que podemos ganhar mais dinheiro ou mais fama, ou quando as pessoas estão nos vendo, ou ainda quando fazemos o que gostamos? Não é nessas horas que o sono e o cansaço vão embora e damos o máximo de nós?

Por outro lado, será que não acabamos por fazer um trabalho desleixado e relapso nas situações em que não ganhamos nada ou em que só levamos prejuízo, ou nos casos simples demais ou desagradáveis, ou ainda quando ninguém está vendo? Um dia de desleixo significa que fomos desleixados com a nossa vida. Um dia burocrático significa que a vivemos de uma forma burocrática. Não podemos nos esquecer disso.

Quando costuramos nossa vida com a agulha do ódio, desprezo ou ressentimento, deixamos para trás marcas eternas na roupa da nossa vida, marcas de sentimentos negativos que não podem ser apagadas nem corrigidas. Devemos sempre nos lembrar disso quando costuramos essa roupa chamada "nossa vida". É a *nossa* vida, afinal.

A vida é um terço cujas contas são o "agora"

Não se pode esquecer que essa agulha que costura 24 horas da nossa vida também tece atos triviais como acordar e arrumar a cama. O senhor A desperta silenciosamente, faz um *gassho*[3] em agradecimento por um bom despertar e arruma a cama de maneira

---

[3] Mãos palma com palma. (N. do T.)

ordeira e discreta. O senhor B acorda de sobressalto com o despertador e chuta o cobertor por cima da cama. O senhor C fica querendo aqueles cinco minutinhos a mais de sono até se levantar, reclamando, e vai para o banheiro deixando a cama como está.

As vidas que eles "costuram" são muito diferentes. E cada caminho percorrido pelas agulhas deles fica estampado de forma indelével.

No banheiro, o senhor A abre suavemente a porta, faz as suas necessidades sem sujar o ambiente, deixa tudo arrumado para a próxima pessoa que for usar o recinto e vai para a pia. Os senhores B e C entram fazendo barulho, fazem as suas necessidades sem se importar se deixaram sujeira ou não e se dirigem apressados à pia.

Na pia, o senhor A usa o mínimo de água possível, fazendo o menor barulho possível para lavar o rosto e escovar os dentes e, no final, limpa e enxuga tudo antes de voltar. O senhor B deixa a torneira aberta o tempo todo, fica perambulando e até falando enquanto escova os dentes... Depois, deixa a toalha jogada de qualquer jeito. O senhor C é pior do que gato se limpando: tudo o que faz é passar um pouco de água no rosto e pronto.

Ganhei – e cuido dela com carinho – uma toalha na qual está bordada a frase "A vida é um terço cujas contas são o 'agora'". E todos os pontos que damos na roupa chamada "nossa vida" estão ligados e se tornam exatamente a "nossa vida". Assim, não podemos esquecer que cada movimento da agulha representa o que nós somos.

O mestre Zen Dogen, no texto *Shobogenzo*, dedica um capítulo inteiro à etiqueta a ser adotada nos banheiros, intitulado "Capítulo da Limpeza" (*Senjo no maki*). No "Capítulo da Limpeza do Rosto" (*Senmen no maki*), ele discorre sobre o modo correto de lavar o rosto. E vai além, ensinando-nos que toda e qualquer ação nossa durante o dia e a noite – inclusive o ato de dormir – deve ser encarada com a mesma seriedade que demonstramos ao fazer *zazen*. É a isso que ele se refere quando afirma: "Conhece-se a ação e aprimora-se a ação". Ou seja, você deve aplicar o seu máximo em cada coisa que fizer para que tudo seja da forma que deve ser.

Entre as boas tradições japonesas, pode-se citar o *shitsuke*, o ensino de boas maneiras. Mas, por trás dele, há razões muito mais profundas, como as citadas acima. E é uma lástima que hoje em dia essa tradição esteja em franco declínio, especialmente no seio da família.

O banheiro no meio da lavoura

Como parte da filosofia "Cada movimento da agulha é importante para costurar a roupa chamada 'minha vida'", há uma foto que possui um brilho particularmente especial no álbum das minhas peregrinações. Foi em um outono, meio século atrás, quando eu tinha 19 anos. Na época, era aluna do primeiro ano da faculdade e, convidada pela monja E, uma pós-graduanda, cheguei a fazer uma peregrinação de 15 dias, vivendo com as doações que me eram feitas.

Fui pela Estrada Tokaido de Nara até o Monte Yoshino, para então voltar, passando por Quioto. E o episódio aconteceu quando andei por Sagano e estava me dirigindo a Rakushisha[4]. O traje de peregrinação, incluindo as sandálias de palha, é ótimo para andar, mas é pouco prático na hora de usar o banheiro. Quando se entra em uma casa para usar o banheiro, é necessário tirar as sandálias de palha, as polainas (*kyahan*) e até mesmo a *okesa* e os trajes cerimoniais. A maior alegria é poder usar um daqueles banheiros que ficam em trilhas do interior ou no meio das plantações, que não passam de um cercadinho simples. Afinal, nessas condições, basta tirar a *okesa* de viagem.

No trajeto para Rakushisha, tive a sorte de encontrar um banheiro desses no meio de uma plantação. Havia uma senhora cuidando da lavoura e pedi licença para usar o banheiro. Ela tirou o pano que lhe cobria a cabeça, fez um cumprimento muito cortês e elegante, disse: "Por favor, aguarde um pouco", e correu rumo à sua casa. Poucos minutos depois, ela voltou: "Desculpe a demora. Por favor, sinta-se à vontade para usar".

Ao entrar, eu me surpreendi. Era um lugar muito simples, que não passava de uma vasilha redonda e duas placas de madeira em um piso de terra batida, mas a vasilha estava cheia de folhas verdes de pinheiro e o chão mostrava claramente as marcas belas e elegantes de uma varrição cuidadosa. Inconscientemente, fiz um *gassho* e usei o banheiro enquanto pensava que não merecia tanto. Não preciso dizer que do lado de fora tinha água e uma toalha nova dentro de um pequeno e gasto balde de madeira.

Antigamente, muitos nobres e pessoas da corte visitavam ou até mesmo moravam nessa região. Fiquei imaginando se o banheiro de

---

4 Morada que pertenceu ao poeta Kyorai Mukai (1651-1704), discípulo de Basho Matsuo (1644-1694), o poeta mais famoso da Era Edo do Japão (1603-1868). (N. do T.)

hoje seria um reflexo desse costume antigo. Agradeci muito, extremamente feliz e de bem com a vida, e parti.

Foi um episódio e um aprendizado que só aconteceram porque eu estava em uma peregrinação e vestida a caráter. É uma das páginas brilhantes da minha vida.

Seria maravilhoso se todos os movimentos da agulha da nossa vida se revestissem de tal luz brilhante.

Aceitar tudo na vida como motivo de felicidade

Existem várias costuras na roupa chamada "nossa vida". E há costuras que não saem como o planejado, ou que têm efeitos imprevistos. Gostaria de apresentar uma história de vida aqui para ficar gravada como exemplo de como se deve aceitar tudo na vida como motivo de felicidade.

Certa vez, peguei um táxi para ir da estação de Quioto ao templo K, onde faria uma palestra. O motorista me perguntou: "A senhora é uma monja budista, não? Poderíamos conversar um pouco?". Respondi: "Por favor". E ele me contou a seguinte história:

Quando eu estava no último quadrimestre do terceiro ano do colegial, perdi meu pai e minha mãe. Eles comeram baiacu numa reunião de moradores e morreram envenenados. Na manhã seguinte, minha mãe deveria preparar o meu lanche para a escola. Geralmente, ela se levantava cedo para fazer isso, mas nesse dia eu esperei, esperei e ela não apareceu. Achei estranho e abri de mansinho a porta do quarto dos meus pais. E vi os dois, mortos, com sinais de que haviam sofrido.

Meus parentes vieram correndo e bancaram o velório e o enterro. Como meu pai havia ido para a guerra, estava sem dívidas, mas também estava sem um tostão. Eu tinha uma irmã de 5 anos, mais nova do que eu cerca de dez anos. O dono da casa nos expulsou, afirmando que duas crianças não teriam a menor condição de pagar o aluguel. Assim, peguei minha irmã e fomos para uma quitinete, carregando apenas o mínimo indispensável.

Eu tinha em conta que precisava criar minha irmã no lugar dos meus pais. Assim, trabalhei de sol a sol. Por sorte, consegui um emprego. De manhã, fazia um bico como entregador de jornal, à tarde trabalhava e à noite fazia outro bico. Com isso, aos 22, 23 anos eu já tinha dinheiro para comprar um pequeno apartamento.

Mas, olhando para trás agora, nessa época eu só pensava em trabalhar e não fazia nada além disso. Nem cozinhar, nem limpar a casa, nem lavar a roupa. Ou seja, isso significa que minha irmã de 5 anos fazia tudo. Tinha uma novela, chamada Oshin, com uma história parecida. Mas a protagonista, Oshin, não tem nada de especial. Minha irmã fez a mesma coisa. O ser humano é capaz de tudo quando necessário, não?

Analisando um pouco, se meus pais estivessem vivos, eu provavelmente teria me tornado um zero à esquerda, fazendo parte de gangues e coisas parecidas. Se meus pais tivessem morrido, mas deixado uma boa herança, eu estaria gastando o dinheiro e não teria aprendido a me virar. Se eu estivesse sozinho, acho que estaria tomado pela depressão e não teria dado nada certo também. Mas meus pais morreram, eu não tinha dinheiro, o dono da casa nos expulsou e eu precisava cuidar da minha irmã, que ainda era uma criança. Assim, não havia outra saída a não ser criar vergonha na cara e agir.

Foi graças à morte dos meus pais, à falta de herança, à expulsão pelo dono da casa e à presença da minha irmã que reuni forças para agir e me tornei um homem e um adulto.

Eu queria comprar pelo menos uma mesa de estudos para minha irmã, mas, se colocasse uma mesa de estudos e uma mesa de jantar, a quitinete ficaria sem espaço para a cama. Assim, a mesa de jantar servia também como mesa de estudos. Um exemplar de jornal jogado já era o suficiente para ficarmos sem espaço para dormir, por isso minha irmã se tornou uma especialista em arrumar a casa. Felizmente, agora ela se casou e está morando em uma casa grande, mas tudo lá está sempre muito bem arrumado.

Quando ela se casou vestida de noiva, eu chorei. Queria que meus pais estivessem lá para ver. Tudo conspirou para que eu fosse feliz e, em agradecimento, sempre acendo incenso de manhã e à noite para meus pais."

Não havia melhor história para ouvir. Agradeci de coração, dizendo: "Muito obrigada pela ótima história", e desci do táxi.

Um dos versos que gosto de usar para assinar meus livros é:

Levantando-se
mesmo após a queda
como um koboshi[5]

Você pode jogar o *koboshi* onde quiser, mesmo na lama ou no lixo, que ele fica em pé. Da mesma forma, não importa se as situações

---

5   Pequeno boneco japonês, símbolo de perseverança e esforço. Tem o centro de gravidade feito de tal forma que, mesmo quando se tenta derrubá-lo, volta à posição vertical. (N. do T.)

e acontecimentos que nos sucedem são agradáveis ou não para o nosso coração. Devemos, sim, ficar em pé, sem fugir nem perseguir, dando as boas-vindas a tudo e trabalhar agradecendo a felicidade trazida pela situação.

Desejo fervorosamente que todos os movimentos da agulha da nossa vida sejam impregnados com esse sentimento.

Tenha bons amigos

É impossível conseguir sozinha

Frequentemente estou no Nisodo, Mosteiro Feminino de Nagoia. No início de cada mês, realizamos um *sesshin*[6] de três a cinco dias. São vários períodos, que chegam a somar 14 horas diárias de *zazen*.

No mês passado, uma senhora que nunca havia praticado *zazen* participou do *sesshin*. Eu estava muito preocupada, mas ela conseguiu aguentar até o final, à custa de muitas lágrimas e dentes cerrados.

Quando o *taiko* (tambor) que assinalava o fim do *sesshin* ressoou no *zendo*, as lágrimas transbordaram de sua face. E, no chá que tomamos ao final do retiro, ela disse, repleta de felicidade: "Só consegui graças à ajuda de todas. Sozinha, eu não conseguiria ficar nem uma hora sentada". Todas as praticantes que estavam lá assentiram com a cabeça.

Pode ser impossível praticar *zazen* durante um dia, ou até mesmo por uma hora. Mas, ao fazê-lo com outras pessoas, é possível reunir forças para praticar durante cinco dias.

Diz-se que "o *zazen* é a prática coletiva da prática individual". Com efeito, ninguém é capaz de fazer *zazen* por você e também é impossível ajudar alguém a fazê-lo. Cada um está completamente só ao se sentar voltado para a parede branca ou, ainda, para dentro de si mesmo, em silenciosa meditação. Mas, com a prática em grupo, um treinamento impossível de ser finalizado por uma pessoa sozinha pode se transformar em algo totalmente realizável. Uma pessoa ganha a força de cinco, dez pessoas ao praticar em grupo.

"O treinamento pode ser em muito impulsionado pela força do grupo", reza o ditado. Graças aos bons amigos, às boas amigas, é possível multiplicar a própria força e expandir o seu mundo.

---

[6] Retiro zen-budista. (N. do T.)

O mau cheiro da corda, o aroma do papel

Um dia, Shakyamuni Buda estava caminhando e encontrou um pedaço de corda caído. Ele se voltou para um discípulo e disse: "Pegue essa corda e me diga que cheiro ela tem". Ao que o discípulo respondeu: "Senhor Shakyamuni, tem um cheiro insuportável". Mais adiante, Buda encontrou um pedaço de papel caído no caminho. Da mesma forma, ele pediu que o discípulo o pegasse e sentisse seu odor. Dessa vez, ele disse: "Tem um aroma muito agradável". Ao ouvir isso, Buda explicou mansamente: "A corda não era fétida desde o começo. Mas, como tocou algo malcheiroso, ganhou esse cheiro insuportável. No entanto, o papel não tinha um bom aroma desde o começo. Mas, como embrulhou algo perfumado, ganhou esse aroma agradável. Da mesma maneira, vocês também devem ter bons amigos. Um bom amigo é tudo na vida. É a maior fortuna que se pode ter".

Não se deve esquecer que isso vale também para o mal. É para o que o ditado popular alerta, ao avisar: "Antes só do que mal acompanhado". Uma pessoa que é bastante dócil quando está sozinha pode se transformar e fazer toda sorte de más ações quando está dentro de um grupo repleto de más intenções.

É um bom lembrete de como é importante estar rodeado de bons amigos.

Tingir a sua vida

Até uma árvore muda de acordo com o ambiente

"Veja que as ondas brancas cercam a ilha, desenhando inúmeras curvas de variadas formas e tamanhos. O mar interno, cor de jade, possui muitos corais e é chamado de mar interior, enquanto o mar externo, azul-cobalto, é chamado de mar exterior."

Eu ouvia a explicação sobre o belíssimo mar que rodeia a Ilha Ishigaki-jima como se estivesse em um sonho. Veio à minha mente a profundidade do azul dos tecidos fabricados na ilha, uma cor que – dizem – foi inspirada na cor do mar.

Apenas uma única senhora, de mais de 80 anos, detinha a técnica tradicional de tecelagem da ilha. Mas, graças a várias pessoas que valorizavam a cultura local, essa senhora pôde transmitir seus conhecimentos, formando assim um grande número de tecelões. Atualmente, esses tecidos são vendidos e conhecidos como tecidos *minsā*.

A palavra *minsā* teria por origem o termo *mensa*, que designa um tecido fino de algodão. Tive a oportunidade de visitar muitas seções da oficina de tecelagem. Vi que várias partes da árvore usada para o tingimento estavam passando pela secagem.

"As árvores novas são muito ruins. Apenas as árvores mais velhas fornecem uma boa cor." É interessante observar que nem mesmo as árvores envelhecem em vão. Não pude deixar de pensar em mim mesma nessa hora, e em como passo os anos sem obter nada de produtivo.

"Uma mesma árvore pode mudar bastante de acordo com o local em que cresce. Há uma diferença marcante entre as árvores que cresceram em boas condições, com sol e arejamento adequados, e as que não tiveram circunstâncias tão favoráveis." Até as árvores, supostamente desprovidas de coração, mudam radicalmente de acordo com o ambiente. Não há como não se lembrar da importância que se dava antigamente ao ambiente na criação dos filhos – o episódio "As Três Mudanças da Mãe de Mêncio"[7] é emblemático nesse sentido.

Certo dia, o mestre de *koto*[8] Michio Miyagi[9] recebeu um novo instrumento. Após tocar para testá-lo, ele teria dito: "Tenho certeza absoluta de que a madeira de paulônia usada neste instrumento foi extraída de uma árvore que cresceu em um templo. Poderiam verificar?".

E, de fato, constatou-se que a árvore havia crescido em um templo budista. Será que o fato de estar envolta de manhã à noite pelo som dos sinos, ouvindo os sutras e respirando o aroma de sândalo e aloés, fez com que a árvore crescesse de uma forma diferenciada, influenciando até mesmo o som do planger das cordas do *koto* feito com sua madeira?

Com o que tingir a sua vida?

O fato de uma árvore receber influências não apenas das condições físicas, como o Sol, o ar e a terra, mas também das condições religiosas do ambiente é algo que traz implicações extraordinárias. Ao mesmo tempo, também é maravilhosa a percepção do mestre Michio Miyagi, que conseguiu notar a diferença apenas ao tocar o instrumento. Fios

---

7 "As Três Mudanças da Mãe de Mêncio" (*Mobo Sansen*, em japonês) refere-se ao episódio da vida do filósofo chinês Mêncio em que sua mãe se mudou três vezes de lugar em busca do melhor ambiente para criar o filho. (N. do T.)
8 Instrumento musical japonês similar à harpa. (N. do T.)
9 Músico japonês (1894-1956), autor de mais de 350 composições. Revolucionou o uso do *koto* explorando técnicas inéditas na música de seu país. (N. do T.)

tingidos com tinta de uma mesma árvore estão balançando ao vento. Parece que a cor dos fios varia de acordo com o fixador utilizado.

A vida de uma pessoa também varia radicalmente de acordo com o mordente utilizado. Ao dar ouvidos a amigos de má índole ou a ensinamentos errôneos, pode-se tingir a vida de cinza. Ao ser guiada por um bom mestre, rodeada de bons amigos e bons ensinamentos, a pessoa pode tingir a sua vida com cores magníficas. As possibilidades são infinitas, e tudo o que desejo é que cada um possa encontrar boas pessoas em seu caminho.

Enquanto eu ouvia as explicações sobre a árvore utilizada para o tingimento, apoiei-me descuidadamente em uma árvore próxima e imediatamente soltei um pequeno grito de dor. Não havia percebido que o tronco era repleto de espinhos. "As árvores jovens são repletas de espinhos. Mas, quando envelhecem, os espinhos caem".

Todos os que estavam no local se entreolharam e disseram: "Tomara que eu também possa envelhecer assim".

No zen-budismo, existe o termo *rokosui*. Ele indica uma broca cuja ponta se desgastou e ficou redonda. É uma palavra utilizada para falar respeitosamente de alguém cujo treinamento está em um nível bastante maduro. Lembrei-me desse termo e o expliquei a todos nesse momento.

Usando a "lama" do passado como matéria-prima

É impossível mudar "o espírito dos 3 anos de idade"?

Li o livro da senhora. Particularmente no capítulo "O espírito dos 3 anos de idade perdura até os 100", me marcou muito o trecho "a base se forma aos 3, 4 anos de idade. Se a criança passar por momentos de medo ou tristeza, ou se crescer em um ambiente conturbado ou inseguro nesse período tão importante, irá arrastar consigo a sombra desses traumas durante a vida toda". Minha mãe era a encarnação do demônio. Mesmo quando eu ainda era bebê, ela me maltratava e dizia que não queria que eu existisse, que sonhava em nunca ter me dado à luz. São indescritíveis a tristeza e o sofrimento que passei nesses longos anos em que recebi somente ódio da pessoa que eu mais queria que me amasse. Agora estou com 38 anos e casada, mas, como a minha base está comprometida, nada dá certo para mim. Por favor, diga-me o que devo fazer.

Ao ler esse relato tão triste, percebi que acabei aprofundando ainda mais seu sofrimento por causa das limitações do meu texto impostas pela própria obra. Assim, rapidamente escrevi a resposta:
   Peço desculpas do fundo do meu coração pelo fato de o meu texto imperfeito ter aprofundado o seu sofrimento. A máxima "O espírito dos 3 anos de idade perdura até os 100" pode ter de fato a sua validade, mas ela não é uma verdade absoluta. A partir da triste realidade de possuir uma mãe parecida com um demônio, é possível trilhar dois caminhos diferentes.

Os dois caminhos abertos a partir da "triste realidade"

   O primeiro caminho é arrastar para sempre essa negatividade do passado, que não pode mais ser alterado. Isso multiplica em duas, três, dez vezes essa negatividade. Suponhamos, por exemplo, que a negatividade advinda do ambiente ruim dos seus primeiros anos de vida tenha o valor 5. Ficar colocando a culpa de tudo nesse fato, argumentando que nada dá certo na sua vida, ou que você não vale nada, faz com que transfira a responsabilidade para o passado, abandonando a vontade de agir para abrir novos caminhos. Isso faz com que a negatividade salte de 5 para 100, 200.
   O segundo caminho é o modo de vida expresso pelo ditado "quanto mais lama, maior o Buda". As coisas ruins, a tristeza, o sofrimento, a negatividade do seu passado são a lama. A lama em si nunca vai deixar de ser lama. Ela é uma matéria-prima para o seu trabalho, mas não é o Buda em si. Agora, ao ser guiada pela luz e pelos ensinamentos dos grandes mestres e esmerar-se no seu progresso interior, a sua lama gradativamente passa a ser Buda. Se o adubo for bem tratado e processado, você terá flores lindas a embelezar a sua paisagem.
   Mesmo no caso do tingimento de tecidos, a cor do tecido depende radicalmente do corante utilizado. Assim sendo, não se esqueça de que a sua vida pode ser tingida de uma cor completamente diferente, de acordo com as situações, pessoas e coisas que surjam em seu caminho.
   Faço votos para que o sofrimento provocado pela sua mãe desperte o sentimento de busca interior, permitindo que tenha uma antena para ouvir as boas palavras e agradecer por elas, digerindo adequadamente a matéria-prima oferecida pela sua mãe para moldar Buda dentro do seu coração e viver sempre com dignidade.

A flor a desabrochar em seu coração

Não importa se as coisas são do nosso agrado ou não

Há um *kakemono*[10] que gosto de pendurar quando entramos na época das chuvas do início do verão. Ele mostra um sapo segurando uma grande folha como se fosse um guarda-chuva, olhando para ela com uma expressão divertida. Nesse desenho, há uma caligrafia com os dizeres: "A chuva é instigante, o sol é atraente" (*uki seiko*). Ou seja: em dias de chuva, apreciemos a chuva; e, em dias de sol, apreciemos o sol. Diz-se que são palavras de Su Dongpo, um poeta chinês da dinastia Song. O significado deve ser algo como "a chuva é bastante interessante e o sol é bastante agradável". Mas quem gosta de levar uma vida mais complicada pensa diferente. A sombrinha de sol não serve de guarda-chuva e usar o guarda-chuva em dias de sol não é refinado o suficiente para mim. Mas o sapo simplesmente ignora todas essas futilidades e usa uma folha, que serve tanto para a chuva quanto para o sol e ainda é maravilhosa para fornecer uma boa sombra.

Obviamente, não podemos nos limitar a sombrinhas e guarda--chuvas. Na nossa vida diária, é muito difícil ficarmos satisfeitos em qualquer situação. Quando temos dias seguidos de sol, rezamos para ter chuva. E, quando a bendita chuva cai durante vários dias, reclamamos que queremos mais sol. Tudo para nós, pessoas comuns, é motivo de reclamação. E os antigos alertaram para isso, cunhando a expressão "rezar pela chuva e buscar o sol". É exatamente o oposto de "a chuva é instigante, o sol é atraente".

Acredito que existam sempre dois caminhos abertos à nossa frente para podermos trilhar nossa vida. Fazendo uma analogia com a chuva, um seria o caminho de viver em alegria por causa da chuva e o outro seria o de viver em desagrado por causa da chuva. O mestre Zen Hakuin disse certa vez que "uma doença de três *go* e cinco *shaku* (0,63 litro) traz consigo uma preocupação de oito *koku* e cinco *to*[11] (1.530 litros)". A doença em si é de 0,63 litro, mas a preocupação e toda a instabilidade mental em relação a ela têm a proporção de 1.530 litros.

Por exemplo, suponha que alguém sinta dor de barriga. Apesar de não passar de uma simples indigestão, começa a se perguntar men-

---
10 Literalmente, "objeto de pendurar". (N. do T.)
11 Medidas específicas do *shakkan-ho*, sistema tradicional de medidas japonês. (N. do T.)

talmente, de forma incessante, se não seria um sintoma de câncer, se esse câncer não seria fatal, como ficaria a família se ele morresse, e assim por diante.

É um modo de vida que transforma a negatividade de valor 5 em uma bola de neve que acaba tomando toda a sua vida e deixando a pessoa sem ação. Antigamente chamavam isso de "amarrar a si mesmo" ou "cavar a própria sepultura". *Não é o fracasso que estraga a pessoa, e sim a preocupação com o fracasso.*

Ao mesmo tempo, uma pessoa que segue esse estilo de vida descamba rapidamente para a soberba e a arrogância quando as coisas saem como ela quer. Basta ter algo pequeno de bom, basta conseguir um pouco de sucesso para se embriagar no seu bom momento e o seu ego se inflar. Não importa se as coisas são do nosso agrado ou não, sempre acabamos nos rendendo ao caminho da negatividade.

Quando desabrocha a flor em seu coração

Entretanto, as pessoas mais sábias encaram toda situação como algo benfazejo, progredindo sempre no caminho positivo.

Um dos poemas do mestre Shinmin Sakamura[12] diz:

A doença
abriu para mim
mais um mundo novo
Desabrocha
a flor de pêssego

Ou seja, a cada doença contraída, um novo mundo se abre, a vida se mostra mais profunda e rica. "Desabrocha a flor de pêssego" significa que a flor do seu coração se abre a cada experiência vivida. Pessoas normais conseguem sentir que essa flor "desabrocha" em uma situação favorável, mas, quando passam por momentos negativos, como doenças ou fracassos, só conseguem acreditar que a flor "nunca chegou a desabrochar".

Isso não é verdade. Devemos encarar as adversidades como adubo para que uma flor ainda mais bela possa desabrochar. Ao mesmo tempo, nos momentos de bonança, deve-se tomar cuidado ainda

---

12 Poeta (1909-2006). Após parar de lecionar, passou a compor poemas tendo como base o pensamento budista. Em 1962, lançou *Shikoku*, revista mensal de poesia distribuída gratuitamente. (N. do T.)

maior para não cair na tentação do orgulho e da arrogância. É essa postura de vida que devemos aprender com as palavras "a chuva é instigante, o sol é atraente".

O valor da dor e do sofrimento

É o esforço penoso que nos faz crescer

Peguei um táxi numa esquina, numa época em que os ventos de dezembro sopravam as folhas secas pelo ar. Ao entrar, percebi que o motorista era uma mulher, algo raro de ver. E, talvez por eu também ser uma mulher, ela me contou várias coisas. Que, quando jovem, trabalhou como babá em um berçário mantido por um templo. Que mais tarde se casou, mas se separou pouco tempo depois. Que fazia quase dez anos que trabalhava como motorista. Antes disso, sofria de constante dor de cabeça e de deficit de atenção, mas tudo passou depois que começou a trabalhar ao volante. Ela disse: "Acho que era o estresse. Estar ao volante reduz o estresse e me deixa mais calma. É uma profissão perfeita para mim".

Ao que imediatamente respondi, em voz firme: "O carro é o seu pequeno mundo particular, onde você está sozinha e é a protagonista de tudo. Não precisa ficar se preocupando com as outras pessoas, e o carro responde aos seus comandos sem questionar. Nesse sentido, de fato pode ser um meio de reduzir o estresse. No entanto, será que ficar limitada a esse mundo não é uma maneira de você querer fugir de si mesma? Enquanto continuar fugindo para esse cantinho seu, em que há apenas uma máquina a obedecer cegamente às suas ordens e nada mais, você nunca vai conseguir crescer como ser humano. É um processo penoso e sofrido, mas acredito que é muito importante interagir com pessoas que não lhe obedecem cegamente, que reclamam com você, que a obrigam até mesmo a admitir o seu erro ou a ceder em suas posições. Isso fará com que você possa se desenvolver como pessoa. Sugiro que se case novamente e tenha filhos. Se quiser, encare isso como um treinamento para o aperfeiçoamento pessoal. Viver nesse pequeno mundo dentro do seu veículo, lidando apenas com uma máquina que lhe obedece fielmente, pode ser uma vida mais tranquila, por não ser preciso entrar em conflito com as pessoas. Mas, ao mesmo tempo, você não percebe que o seu egoísmo aflora e infla, sem contar que não desenvolve a habilidade de interagir com as pessoas, o que a reduz a uma máquina desprovida de espírito também".

Enquanto ouvia, a motorista seguidamente arregalava os olhos, como se tivesse sido atingida por um raio; outras vezes, balançava a cabeça afirmativamente e concordava, dizendo: "Realmente, eu estava fugindo".

Ao descer, dirigi-lhe as seguintes palavras: "Ser motorista é uma profissão muito importante. Mas encare-a de forma positiva, em vez de utilizá-la como um modo de escapar das agruras da vida. Por exemplo, pense em como dirigir o carro chamado 'você' na avenida chamada 'vida'. Se passar a ver a sua vida e o mundo por esse prisma, acredito que eles ganharão um novo significado".

O ego aparece para entrar em conflito

Um poema veio à minha mente:

O senhor ego
está caminhando
imponente e vistoso
Ainda falta bastante

É um poema de um conhecido do senhor S. Abaixo dele, S adicionou as seguintes palavras:
Como o nosso ego anda por aí todo inflado, ele topa com um sem-número de coisas e é ferido o tempo todo. Mas é a dor dessa ferida que desperta a vontade de ouvir os ensinamentos, que, por sua vez, são a luz que nos mostra a sombra do ego que acomete o nosso ser.
Entretanto, essa situação só é possível quando vivemos em sociedade, interagindo com as pessoas. Se fugirmos dessa dor e escolhermos um modo de vida afastado dos outros, o nosso ego inflará cada vez mais. E é por isso que acho importante ter uma atitude proativa para viver com a sogra, com a esposa, entre as pessoas.

O ideograma para "pessoa" se escreve com dois traços, um sustentando o outro. Ou seja, um único traço é incapaz de constituir uma pessoa. E a palavra "ser humano" se escreve como "pessoa" mais "espaço". Não há como constatar esse espaço se estiver sozinho. É necessário haver duas ou mais pessoas para conhecer o espaço entre elas. E, às vezes, é preciso cedermos ao outro, para que um possa efetivamente sustentar o outro. É nessas coisas que é possível vislumbrar o caminho para o aperfeiçoamento interior do ser humano.

No *zazen*

Sem o direito de criticar os outros

A senhora K veio de Niigata especialmente para participar do *sesshin* do Nisodo. Antes de ir embora, ela apareceu no meu quarto e agradeceu, dizendo: "O Nisodo é como se fosse a terra natal do meu coração, e fico muito feliz por poder participar". Então me contou a seguinte história:

Como a senhora bem sabe, trabalho numa creche. O diretor anterior, que lá ficou por três anos, até o ano passado, era uma pessoa de temperamento muito forte, extremamente parcial e tinha sempre que odiar alguém para se sentir bem. Ele gostava de pessoas que resolviam facilmente as coisas, mas eu sou uma pessoa lenta e que cometia muitos erros. Por isso, durante três anos, fui alvo de críticas e ataques. E, quando ele não gostava de alguém, perseguia essa pessoa incessantemente, o que me deixava enfurecida. Passei um ano inteiro ouvindo insultos difíceis de suportar. E, nessa situação, por mais que eu dissesse a mim mesma coisas como "devo dar o primeiro passo para a reconciliação" ou "preciso tratar o diretor como se fosse uma pessoa querida", todo esse esforço era em vão quando ficava na frente dele. Eu me fechava e não conseguia dizer nada. Não era só isso. Sentia que brotava dentro de mim o sentimento de revolta e crítica: "Se você só consegue pensar e agir dessa forma, você é um fracasso como diretor e como líder!". Mas, quando me dei conta disso, percebi que sou igual ao diretor. Por isso, não tenho o direito de criticá-lo. E também que, se eu fosse uma pessoa que resolvesse facilmente as coisas e tivesse caído no agrado dele, estaria toda cheia de mim mesma e teria me tornado arrogante. Ainda bem que sou lenta. Assim, alegrei-me pelo fato de ser lenta e cometer muitos erros.

A mente tendenciosa e egoísta

A senhora K continuou:

Outro dia, minha mãe ficou gripada. Fiquei muito preocupada por causa do risco de o quadro evoluir para uma pneumonia. Mais tarde, a mãe de uma amiga minha foi internada com uma doença no coração. Analisando de modo imparcial, a doença da mãe da minha amiga era muito mais grave, mas eu não me preocupei tanto quanto com o resfriado da minha mãe. Ao ver essa minha postura tendenciosa, percebi o quanto sou egoísta e o quão distante estou de tratar tudo e todos de forma igual. E fico muito feliz por permitirem que uma pessoa como eu possa participar do sesshin. Sem o zazen, eu nunca teria a oportunidade de perceber tudo isso.

O agradecimento da senhora K vinha do fundo do seu coração.

Faz mais de dez anos que a senhora K conheceu o *zazen* e os ensinamentos de Buda. E, mesmo quando está em casa, pratica rigorosamente o *zazen* todos os dias. Fiquei emocionada ao ver que, graças aos ensinamentos de Buda e à prática do *zazen*, ela pôde desenvolver de uma maneira magnífica o olho para analisar a si de forma impessoal. Sem esse outro olho, é impossível cuidar do eu egoísta, sempre prestes a cometer atos impensados.

O meu "outro eu" imaculado

Aquilo que permite reconhecer a sujeira como sujeira

Quando vejo a neve, me lembro de um poema. Ele se chama "Neve que cai", de Misuzu Kaneko[13], uma jovem que partiu deste mundo aos 26 anos.

> *A neve do alto*
> *Que frio que ela deve sentir!*
> *Pois o luar cai gélido sobre ela*
>
> *A neve de baixo*
> *Que peso que ela deve sentir!*
> *Pois centenas de pessoas pisam nela*
>
> *A neve do meio*
> *Que solidão que ela deve sentir!*
> *Pois não consegue ver nem o céu nem o chão*

---

13 Poetisa e compositora japonesa (1903-1930). (N. do T.)

Como uma pessoa consegue ter uma sensibilidade tão grande para descrever os sentimentos da neve? Certamente é normal haver pessoas que desenham ou compõem poemas sobre a beleza da neve; que reclamam da dificuldade de limpar a neve ou do custo da limpeza; ou ainda as que vislumbram a possibilidade de ganhar dinheiro com a neve. Todas elas estão enxergando somente pela ótica do seu ego. Contudo, Misuzu aniquilou totalmente o seu ego, tornando-se uma com a neve e sentindo com ela o frio, suportando com ela o peso das pessoas e chorando com ela por causa da solidão.

Ao ver o coração de Misuzu, doce e imaculado como o de um bebê, podemos nos dar conta de como o nosso coração, o coração dos adultos, está repleto de poeira acumulada ao longo dos anos. Ao mesmo tempo, é possível entender que somente reconhecemos a existência da sujeira porque há algo imaculado dentro de nós. E o fato de ficarmos comovidos com o que é belo e puro também mostra que temos um cantinho belo e puro dentro de nós, um espírito doce e imaculado que vive no nosso coração. E isso nos deixa ainda mais emocionados.

Olhos para ver o que não pode ser visto, ouvidos para ouvir o que não pode ser ouvido

Existe um poema chamado "Pesca farta", de Misuzu.

É alvorada, o sol está raiando
E a pesca é farta
Muitas sardinhas grandes
Caindo na rede

A praia toda
Está em festa
Mas nas águas do mar
São rezadas missas pelos espíritos
Dos milhares de sardinhas pescados pelos humanos

É possível até visualizar Misuzu chorando ao ouvir o pranto das sardinhas, enquanto observa as pessoas explodindo de alegria pela pesca farta.

Misuzu Kaneko nasceu em 1903, na província de Yamaguchi. Aos 20 anos, começou a escrever contos infantis, e Yaso Saijo a chamou de "estrela fulgurante entre os jovens poetas e escritores voltados para o público infantil". Entretanto, ela faleceu ainda muito jovem, aos 26 anos. Acredito que Misuzu Kaneko tinha olhos para ver o que não pode ser visto e ouvidos para ouvir o que não pode ser ouvido.

Não me lembro exatamente quando, mas uma vez participei de uma refeição com os membros do Sanzenkai (encontro especial de *zazen*). Como era um evento um tanto raro, cada um fez uma rápida autoapresentação. A maioria era de pessoas que haviam vindo em busca de solução para problemas de sua vida e acabaram iniciando a prática do *zazen*. "Vim até a monja por causa disso, disso e disso." Depois de ouvir várias dessas apresentações, notei uma coisa: as pessoas não falavam da sua maior angústia, da sua tristeza mais pungente que as levou a conversar comigo.

Em vez disso, elas se referiam apenas aos seus problemas secundários, terciários. E isso me fez entender que as coisas mais importantes, as agruras mais penosas, os sofrimentos mais pungentes, as emoções que mais precisam ser extravasadas são exatamente aquelas que não conseguem se transformar em palavras e sair pela boca. Ao mesmo tempo, também entendi que é necessário ter olhos para ver e ouvidos para ouvir essas palavras que não são palavras, essas súplicas silenciosas do coração. Caso contrário, não é possível ser um bom pai ou uma boa mãe, nem uma boa professora.

Buda possui grandes orelhas. E seus olhos estão semicerrados. Acredito que seja para ouvir as palavras silenciosas e ver o que jamais aflora à superfície. Ao mesmo tempo, o "*Kan*" de Kannon Bosatsu significa "observar profundo". Acredito que se refira a isso também.

Chamar de volta o meu "outro eu"

Ao contemplar a neve – não aquela neve que cai mansa ou pesada, mas a que cai suave em flocos carregados pelo vento –, eu me lembro do poema "Chame o meu nome", de Tatsuji Miyoshi[14]:

> *Chame o meu nome*
> *Chame o meu nome, ardente de saudade dos longínquos dias de inocência*
> *Chame o meu nome, trêmulo ao ser sussurrado uma vez mais nos longínquos dias de inocência*

---

14 Poeta, crítico literário e editor japonês (1900-1964). (N. do T.)

Chame o meu nome, soprado pelo vento dos tempos passados
Chame o meu nome, dançante com os pequenos flocos de neve do céu distante
Bruxuleante com as sombras das flores que outrora sorriam naquele canto do jardim
Chame,
Chame o meu nome

A quem se dirige esse apelo pungente que vem das fibras mais íntimas do autor? Quem é a pessoa longínqua à qual ele se refere?

É o eu imaculado da infância distante, é um apelo à nossa mãe, que nos chamou, e também é um apelo da nossa mãe. É um grito do nosso outro eu, esse ser precioso e esquecido após anos de turbulências mundanas. É um grito do nosso eu para o nosso eu. E os ecos desse grito se tornam um apelo para Buda e um apelo do próprio Buda, acredito eu.

Esse sentimento intenso que nos leva a suplicar desesperadamente "Chame o meu nome, chame o meu nome", essa pessoa que sempre chama, mesmo quando está esquecida, mesmo quando não é mais chamada, isso não seria exatamente o *nenbutsu*?

"*Nenbutsu* é estar sempre se lembrando de Buda. Quando falamos de *nenbutsu*, a ideia geral é de simplesmente repetir o 'Namu Amida Butsu', mas na verdade é a postura de jamais se esquecer de pensar Buda." Quando me defrontei com essas palavras do mestre Kyuki Ota[15], um raio de luz me atingiu e concordei com ele com todas as forças.

Não é uma recitação mecânica, mas uma atitude intensa e sincera de sempre se lembrar de quem é importante. Nesse sentido, a súplica de Tatsuji Miyoshi à mãe, o desejo de ser chamado pela mãe pelo seu nome de infância para recuperar, para chamar de volta aquele eu que partiu, para poder reconstruir a sua vida, tudo isso não seria exatamente a postura do *nenbutsu*?

Diz-se que a mãe do mestre Shinmin Sakamura adotou como filosofia de vida o seguinte: "Basta manter na mente o que se deseja e os resultados irão aparecer". E, exatamente como no *nenbutsu*, ela se lançava às suas tarefas com a mente focada, e misteriosamente tudo dava certo.

---

15 Nascido em 1928, é professor de Budismo da Universidade de Komazawa. Formado em Yogacara (*Yuishiki-gaku*), publicou obras como *O Espírito do Yogacara e o Zen* (não editado em português). (N. do T.)

A mãe do mestre Tomisaburo Hasegawa[16], um homem que vivia em *nenbutsu* e no mundo da arte xilográfica japonesa (*hanga*), dizia sempre: "Já que temos a mesma idade, acho que vou pedir àquele que tem a mesma idade que eu". Esse alguém "que tem a mesma idade" é exatamente Buda, ou seja, "eu e Buda temos a mesma idade", uma demonstração de alegria e consciência de estar viva neste mundo graças à dádiva da vida eterna de Buda.

No dia a dia, somos seres comuns em busca de dinheiro e fama, pensando nas vantagens e desvantagens e atormentando nosso coração com amor e ódio. Mas desejo que, no fundo disso tudo, possamos sempre pensar na nossa mãe, pensar Buda e chamar pelo nosso outro eu.

Esse processo de retorno a Buda, de regresso ao nosso outro eu, o eu original –, isso é o *nenbutsu* e é também o *zazen*. •

16 Artista plástico, gravurista (1910-2004). (N. do T.)

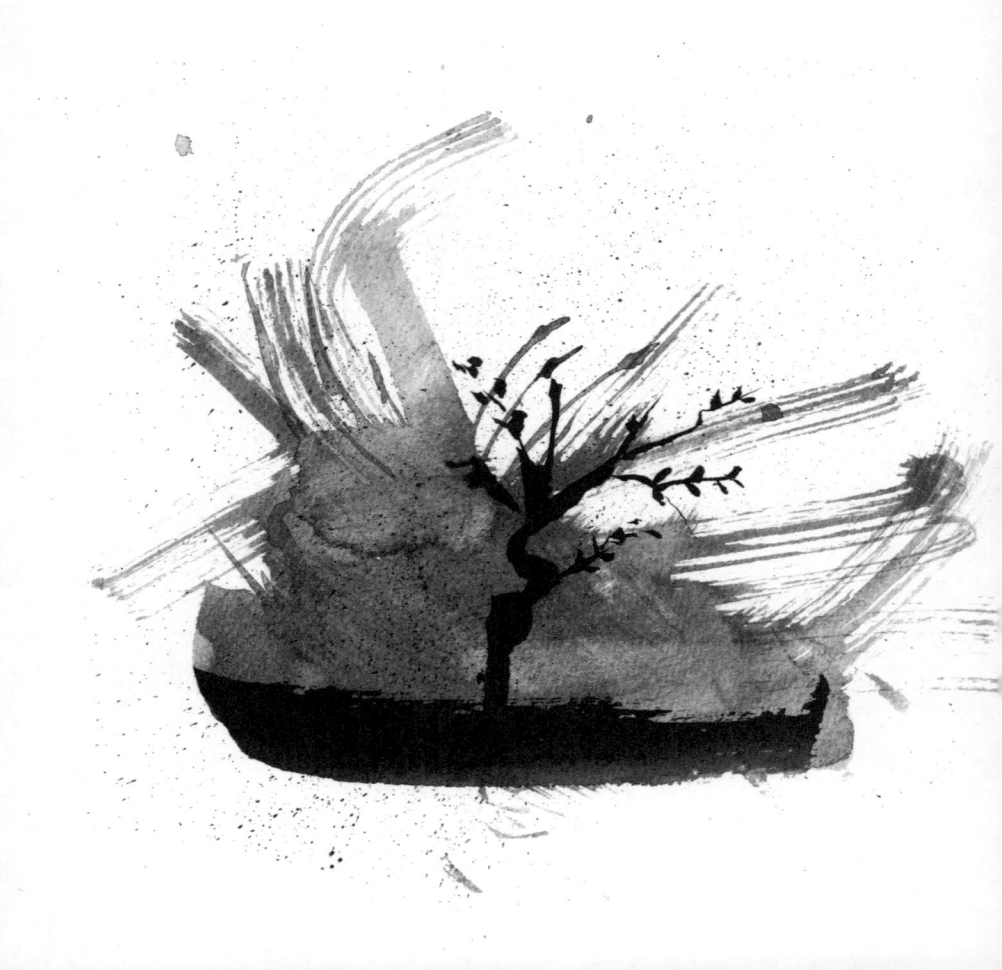

Capítulo 3

Despertar para o "misterioso"

Viver imerso na dádiva

Imerso no pulsar do Cosmo

O problema está no protagonista chamado ser humano

Um dos romances de Ayako Sono[1], *Fuzai no heya* (*O Quarto Ausente*, ainda não editado em português), é ambientado em um monastério católico. Ela descreve de modo pungente o relaxamento gradual das regras, o que leva os desejos e paixões humanos a grassar sem controle e transforma o monastério em um ambiente sem Deus, que deveria ser o protagonista do local.

O termo "protagonista" (*shujinko*) é muito utilizado no zen-budismo. Atribui-se a origem desse termo ao monge Shih-yen (Shigen, em japonês) do templo Jui-yen (Zuigen, em japonês), que viveu há aproximadamente mil anos, no final da dinastia Tang. Diz-se que, todos os dias, o monge Shih-yen chamava a si mesmo, dizendo: "Protagonista!", ao que respondia: "Sim, senhor!". E continuava com essa sessão individual de perguntas e respostas, em um diálogo solitário como o seguinte:

– *Você está desperto!?*
– *Sim, senhor!*
– *Não se deixe enganar pelos outros!*
– *Sim, senhor!*

A verdadeira religião faz com que esse protagonista desperte, cresça e amadureça, para que seus olhos sejam límpidos e profundos e que sua postura seja sempre correta. Não é algo que embriaga a pessoa, inflando seu ego e misturando o correto com o errado, o bem com o mal.

É esse protagonista que direciona a vida humana e os desejos e paixões humanos para o rumo correto. Não há crime nem pecado no dinheiro, na fama ou no currículo. É o protagonista chamado ser humano – se estiver desperto ou não, se sua postura estiver correta ou não – que decide se essas ferramentas serão empregadas para algo de valor ou se elas se tornarão armas letais que poderão destruir não apenas a sua vida, mas até mesmo a Terra.

Por exemplo, vejamos o caso deste corpo físico: dependendo de como o usamos, podemos viver como Buda, que serve como farol para nós 2.500 anos após sua passagem. Entretanto, há pessoas

---

1 Pseudônimo de Chizuko Miura, romancista católica nascida em 1931, agraciada com a Medalha Cruz de Honra do Vaticano. (N. do T.)

que usam o corpo para ceifar vidas alheias ou jogar os outros nos abismos do sofrimento. O corpo em si não tem culpa nem pecado; o problema está na pessoa que o usa.

O problema não está na ciência, e sim nas pessoas que empregam a ciência sem estarem despertas como protagonistas. Isso faz com que elas não saibam a direção para a qual devem rumar e, por isso, se mostram incapazes de direcionar corretamente a ciência, empregando-a para fins homicidas, como no caso da bomba atômica ou de armas químicas como o gás sarin.

A culpa não está no dinheiro nem no status social. Mas, se a pessoa dotada de dinheiro ou status não tiver integridade moral, ela não será capaz de destinar suas posses para um fim digno e o dinheiro a levará à perdição; o abuso do seu status social poderá acarretar problemas a terceiros. Tudo depende de o protagonista chamado ser humano possuir uma formação interior decente ou não.

Certa vez, uma mulher veio conversar comigo. Disse que seu marido e a família dele tinham problemas mentais, que possuíam uma personalidade distorcida, o que lhe causava sofrimento. Frequentemente, ela comentava: "Isso porque ele é inteligente. Ele se formou em uma faculdade de primeira linha e suas notas eram boas".

Sem conseguir me conter, eu disse: "O conhecimento e a inteligência não passam de meras ferramentas. Nada disso adianta se a pessoa que usa essas ferramentas não for uma pessoa decente. O mais importante não é o que a pessoa tem ou sabe, e sim o que ela é".

Fazendo uma analogia: se a vida é uma casa, os bens, a educação, o status, o conhecimento e os talentos não passam de móveis. Se a pessoa – a protagonista – que for manusear essas ferramentas não tiver a competência adequada, vai se tornar refém ou escrava delas, causando danos não apenas a si mesma, mas também a todos os que a rodeiam.

Tem-se a impressão de que a educação japonesa pós-Segunda Guerra Mundial passou a ser um mero processo de acúmulo de conhecimentos – ou seja, um acúmulo de ferramentas, deixando de lado o principal, que é a capacitação do ser humano para utilizá-las. O propósito de toda e qualquer religião verdadeira deveria ser despertar e formar esse protagonista, desenvolvendo na pessoa os olhos límpidos e severos que não deixam passar absolutamente nada de falsidade. E tem-se a impressão de que o budismo japonês, que veio sustentando espiritualmente o Japão há mais de um milênio, está descendo ladeira abaixo, transformando-se em uma religião vazia, sem Buda e sem o propósito da salvação do espírito dos vivos – um processo quiçá similar ao descrito no romance *O Quarto Ausente*, de Ayako Sono. E as verdadeiras vítimas são os jovens criados nesse ambiente. A cada vez que se revelam mais e mais detalhes sobre as falsas religiões, tão em destaque hoje em dia na mídia, eu me lamento pelas distorções da educação pós-Segunda Guerra e sinto que isso tudo é como se fosse uma poderosa voz a clamar: "Onde estão os monges, as monjas, e o que estão fazendo!?", uma autêntica lança que dilacera meu coração todos os dias.

Antes de mais nada, o que é religião?

O ser humano é fraco e sempre tende a buscar apoio em algo ou em alguém. O problema é que, se errar na escolha desse apoio, a situação tende a ficar muito ruim. E, entre as diversas opções de apoio, a mais óbvia e comum é a religião. No caso dos japoneses, o xintoísmo e o budismo são os dois pilares religiosos que sustentam o espírito dos japoneses desde a Antiguidade. Pode-se dizer que serviram também de escudo contra as ditas pseudorreligiões.

O xintoísmo nipônico pode, sem dúvida, ser categorizado como religião, mas é possível afirmar que consiste basicamente no respeito ao espírito dos antepassados, sendo a crença popular do povo nipônico.

Mesmo a maioria dos japoneses que professava o ateísmo completo, negando toda e qualquer forma de religião, valorizava os seus antepassados. É uma crença de que os nossos antepassados nos protegem e, dessa forma, merecem a nossa gratidão. Talvez possamos expandir um pouco esse conceito, pensando que o "deus protetor" de uma vila, chamado de Ujigami ou Chinshu-sama, é, na verdade, um Ubusuna-gami, o antepassado mais imediato de um agrupamento populacional, enquanto o antepassado mais longínquo seria a deusa Amaterasu O-mi-kami.

A adoração à família imperial japonesa tem ligação intrínseca com essa devoção aos antepassados. E acredito que também atuou como uma força importante para a sustentação do espírito do povo nipônico no passar das eras. Entretanto, dada a magnitude da importância da casa imperial, ela foi com frequência utilizada de maneira distorcida pelo poder e, mais recentemente, foi usada pelo fascismo e causou invasões e vítimas em nome de uma suposta guerra santa. Após a guerra, como rejeição a tudo o que aconteceu, a educação religiosa nas escolas públicas foi expressamente proibida e, mesmo fora das escolas, começou-se a notar uma certa animosidade em relação às religiões.

Ao mesmo tempo, a devoção aos antepassados, que era vista no seio da família, perdeu de modo gradual a sua força à medida que a unidade familiar se tornou cada vez mais difusa e diluída após a Segunda Guerra Mundial. Antigamente, desde a mais tenra idade, éramos levados por nossos avós ou pais para unir as mãos e prestar respeito, mesmo sem entender absolutamente nada do que estávamos fazendo. Quando recebíamos comida como presente, a primeira coisa que fazíamos era oferecer ao *butsudan*[2], para só então nos servirmos. Quando a lavoura dava as primeiras verduras, levávamos de imediato como oferenda aos nossos antepassados, para então comermos com a família. Por meio desse cotidiano, criava-se uma sólida pilastra dentro da criança, algo que transcendia a razão, para mostrar o mais profundo respeito perante uma força maior, sentindo que essa força nos protege e nos permite viver.

Com a dissolução da unidade familiar, muitas pessoas passaram a viver em um lar sem *butsudan*, e atualmente nem mesmo o primogênito, o representante da família, cumpre mais o seu dever de guardar o *butsudan* dos seus antepassados.

A religião correta é aquela que cria pilastras sólidas no coração das pessoas

E o que podemos dizer sobre os budistas? A rigor, o budismo é uma religião que não tem nenhuma relação com o culto aos antepassados nem com enterros e missas. A verdadeira finalidade do budismo é obter a resposta à pergunta: "Como devemos viver cada dia da nossa vida?". Não se trata de culto aos antepassados, tampouco de adorar estátuas de deuses ou budas, implorando por algum favor. Quando foi introduzido no Japão, o budismo incorporou o respeito aos antepassados como meio de facilitar a difusão da religião em um país que valorizava os ancestrais.

Como iniciativa governamental para combater o cristianismo, o xogunato Tokugawa criou o sistema *danka* para vincular uma família a um determinado templo budista, transformando os monges em vigias da família. E os monges foram tomados pela indolência

---

2 Oratório budista. (N. do T.)

gerada pela segurança de ter uma base financeira sólida trazida pelo sistema *danka* e pelo sistema familiar japonês, e se esqueceram do propósito original da salvação do espírito, o que resultou num panorama de mosteiros sem Buda e de budistas sem disposição para seguir os ensinamentos de Buda.

Nesse contexto, se compararmos o ser humano a uma árvore, podemos dizer que tivemos o crescimento de jovens infantis e frágeis, com galhos e folhas (conhecimentos) fartos, mas com raízes e tronco (desenvolvimento e amadurecimento interiores) virtualmente inexistentes. Será que não são precisamente esses jovens que foram conquistados facilmente e em grande quantidade pelas chamadas pseudorreligiões?

É impressionante ver o grau de oportunismo desses grupos. Na Rússia expandiram-se bastante, aproveitando exatamente a ruína da crença no socialismo, que levou à perda do sustentáculo emocional dos russos. Será que não é necessário ter uma formação humana consistente, uma educação religiosa tal que, mesmo sem um viés para uma religião em particular, permita identificar o que é uma verdadeira religião, compreendendo que é uma pilastra interior extremamente importante na qual se pode confiar a própria vida?

O último ensinamento de Shakyamuni Buda

De fato, o seu verdadeiro eu é o seu mestre. O seu verdadeiro eu é o seu destino final. Portanto, aprimore o seu verdadeiro eu (...) assim como um mercador adestra um bom cavalo. (Dhammapada)

Dois dos sutras mais importantes, que transmitem os ensinamentos de Shakyamuni Buda na sua forma mais original, são o *Dhammapada* (*Hokkugyo*, em japonês) e o *Sutta Nipata* (*Kyoshu*, em japonês). Neste último, podem-se ver as seguintes palavras:

Todo aquele que depende dos outros pode ser abalado.

No fim dos seus 80 anos de vida, Buda disse:

Neste mundo, fazei de vós a ilha, fazei de vós o depositário de vossa fé; não depositeis vossa fé nos outros, fazei do Ensinamento a ilha, depositai vossa fé no Ensinamento e em nada mais. (*Mahayana Mahaparinirvana Sutra* ou *Sutra do Nirvana*)

Esse foi o testamento que Shakyamuni Buda nos legou antes de falecer. O ser humano é frágil. Ele quer depender de alguma coisa. Mas Shakyamuni Buda é extremamente rigoroso nesse sentido, advertindo com veemência contra esse sentimento. Não podemos depender da riqueza, nem dos poderes mundanos, nem do marido ou da mulher. Tudo isso desaparece rapidamente como uma espuma fugaz engolida pelo torvelinho do tempo e da inconstância.

Shakyamuni Buda sabia muito bem que essas coisas não eram uma pilastra adequada para nos sustentar – muito pelo contrário, sabia que eram fonte potencial de perdição. Por isso, embora estivesse destinado a ser rei de uma nação, abandonou absolutamente tudo – status, riqueza, esposa e filho – para tornar-se monge.

Deve ficar muito claro que há uma diferença intransponível entre a atitude de Buda e a dos fiéis das pseudorreligiões, que se tornaram escravos da fama e da fortuna, afirmando-se "monges" – sem o serem – para impor condutas e exigir "contribuições" que não passam, na verdade, de roubos disfarçados.

Não se deve abandonar tudo o que é mundano e passageiro para se apegar com sofreguidão a um ensinamento. Pois, se esse ensinamento for incorreto, você não apenas terá desperdiçado sua vida como também transtornado a família e pessoas à sua volta.

Buda aconselha muito cuidado para evitar essa distorção e chega a negar a busca desse pilar de sustentação espiritual fora do seu verdadeiro eu, afirmando que "o seu verdadeiro eu é o seu único sustentáculo" e "todo aquele que depende dos outros pode ser abalado".

Deve-se notar aqui que Buda considera grande a diferença entre o eu comum e o verdadeiro eu.

Existem momentos em que a irritação toma conta de nós, mesmo em incidentes pequenos. Existem momentos em que queremos destilar veneno nas reclamações. Nesse momento, é possível ouvir o sussurro do nosso outro eu: "Você não acha que ficar irritado não é exatamente a melhor solução?", "Você não acha que essas suas reclamações acabam afetando negativamente a pessoa que lhe dá ouvidos, desperdiçando o seu tempo sem solucionar nada?". Esse sussurro vem do nosso eu desperto, que está dentro de nós. Esse nosso verdadeiro eu é a nossa pilastra espiritual, e Buda nos aconselha a adestrá-lo como adestramos um bom cavalo.

Adestrar a si mesmo por meio dos ensinamentos corretos

No budismo, há a expressão *shin'en iba*, que significa literalmente "o coração é um macaco e a mente é um cavalo". E Shakyamuni Buda nos instrui para que adestremos esse nosso eu, assim como um bom adestrador treina o seu animal utilizando o método correto.

Aqui surge a figura do mestre e do ensinamento correto. O ensinamento aqui não está em sua acepção mundana, cujo conteúdo varia de acordo com a época e com o local, mas representa a verdade universal, o princípio universal, imutável e onipresente.

Esse ser humano chamado "eu" não vive somente dentro desse saco de pele e ossos. Independentemente do seu nível de percepção e consciência, o ser humano vive dentro de um *continuum* do Universo, que está em permanente movimento. Isso não vale apenas para nós, mas para tudo o que existe no Universo. O eu mesquinho surge quando acreditamos que somos apenas esse amontoado de tecido vivo dentro de um saco de pele e tentamos agir em função disso, desvinculados do Universo.

Mas, na realidade, mesmo um pequeno mal-estar que passe a ser motivo de reclamações contumazes faz parte de uma pulsação que preenche todo o Universo, assim como o clima do dia faz parte do clima da região e a maré é consequência das forças gravitacionais dos astros celestiais. Chamamos de nosso verdadeiro eu aquele que harmoniza a si mesmo com as vibrações do Universo, rompendo as cascas do ego, sempre vigiando e cuidando do "eu" menor e egocêntrico a partir de um ponto de vista mais elevado, amplo e universal. E é nesse "nosso verdadeiro eu" que Buda nos ensina a depositar nossa fé e confiança – ele é nossa ilha de refúgio.

O mestre Kodo Sawaki referiu-se a isso como "fazer a si mesmo o si mesmo por si mesmo consigo mesmo". Ele disse ainda: "O paraíso também é chamado de terra 10 trilhões de léguas a oeste; essa distância se refere ao trajeto que começa em você e termina em você mesmo". Usando essa mesma terminologia, podemos dizer que é "a distância entre nós mesmos e o nosso verdadeiro eu".

Frequentemente, ouço pessoas me dizerem que, quando estão fazendo *zazen*, surge uma multidão de pensamentos inoportunos. Tais pensamentos não surgem por causa do *zazen*. Ao contrário, isso é uma prova de que o *zazen* despertou o seu verdadeiro eu, que permite observar o eu menor, que acalenta esses pensamentos inoportunos. E, com o desenvolvimento desse verdadeiro eu, desse olho crítico, podemos assumir efetivamente as rédeas do nosso eu pequeno e rebelde.

Mas isso é mais fácil de falar do que de fazer. O mais comum é notarmos a dificuldade em aprimorar o nosso verdadeiro eu, em tornar esse olho mais puro e límpido. E é a isso que se refere a frase "O paraíso também é chamado de terra a 10 trilhões de léguas a oeste;

essa distância se refere ao trajeto que começa em você e termina em você mesmo". Quanto mais avançado, mais humilde se torna. É assim que um verdadeiro buscador do caminho é.

A verdadeira religião consiste no despertar

As palavras que Shakyamuni Buda disse a Ananda já no leito de morte ecoam no meu coração. Ananda, repleto de tristeza, perguntara: "Mestre, quando o senhor falecer, a quem poderemos recorrer para o nosso treinamento?". Ao que Buda respondeu: "Nunca pensei que estava guiando os companheiros praticantes, nem que eles estavam recorrendo a mim para o treinamento". Ou seja, ele mesmo negou ser um líder religioso, deixando clara a sua postura de que devemos sempre recorrer ao Darma, que é o princípio que rege o Universo, viver de acordo com o Darma e receber a vida por meio dele. E, diante do Darma, até mesmo Buda não passava de mais um discípulo, de um colega praticante como os demais.

Uma das características das seitas mais novas é a presença de um presidente ou de um grande líder, que é venerado como um Buda vivo, um deus vivo, um santo ou um profeta. Para embriagar e manipular os fiéis que não possuem visão clara, quanto mais o líder for uma autoridade elevada e distante, melhor. Em alguns casos, chegam a vender a preços altíssimos os fios de cabelo do seu líder ou, ainda, a água da banheira em que ele se banha. E os fiéis compram vorazmente e se emocionam ao poder beber uma água tão sagrada. É terrível constatar esse aspecto em que a religião se torna o ópio das multidões. A verdadeira religião não trata de embriagar pessoas nem de causar comoção coletiva. Gostaria de guardar sempre no coração que "a fé é um ato de purificação", como se diz no budismo. Ou seja, é o despertar da embriaguez. Não se pode ser enganado. Deve-se estar sempre alerta, pois, se o nosso verdadeiro eu não estiver desperto, poderemos ser vítimas de charlatanismo.

Até mesmo Shakyamuni Buda se recusou a ser um líder religioso e abdicou da sua posição de mestre. Não podemos nos esquecer dessa postura humilde. Creio que Shinran Shonin afirmou a mesma coisa quando disse: "Shinran não possui um único discípulo".

A seita Verdade Suprema, que tanta celeuma causou anos atrás no Japão, é um bom exemplo disso. Seu líder adotou o pseudônimo Asahara, cuja escrita remete a Mahara, sugerindo que é proveniente do sânscrito *Maharaja*, que significa "grande rei". Ele assumiu a postura de grande rei em termos políticos e de papa em termos religiosos. Além disso, criou vários "nomes sagrados": passou a chamar sua esposa de Maya, como a mãe de Buda, e conferiu aos membros do alto escalão nomes como Maitreya (Miroku Bosatsu), Manjusri (Monju Bosatsu) e Mahakasyapa (Daikasho – o primeiro representante do budismo após a morte de Buda). Também pôs o nome de Acarya (Ajari) na filha de 12, 13 anos. Essa arrogância e impertinência refletem sua necessidade de satisfazer o amor-próprio (o que demonstra autoestima muito baixa), e me deixou boquiaberta.

Frequentemente me preocupo com as distorções da sociedade atual, que não consegue perceber nem uma aberração como essa. Isso é prova de que o protagonista está ausente, de que o nosso verdadeiro eu está totalmente adormecido e virtualmente inexistente. Faço ardentes votos para que os religiosos e as religiosas, os educadores e as educadoras, bem como pais e mães, em seus lares, deixem de desperdiçar tempo achando graça na tragicomédia da vida, possam se arrepender de sua irresponsabilidade, admitam que estão colhendo o que plantaram e comecem a tomar atitudes verdadeiras de acordo com a responsabilidade que possuem quanto ao desenvolvimento interior de um ser humano.

O mistério está nas coisas mais triviais

Poderes paranormais e sobrenaturais

Certo dia, vieram a mim uma menina que cursava o ginásio e sua mãe. Elas afirmavam que a menina era dotada de poderes paranormais e, por causa deles, não conseguia mais estudar. Agradecendo-lhes o fato de ainda terem ouvidos para ouvir, falei de maneira extremamente séria:

Poderes paranormais? Bom, acho que ninguém pode afirmar que eles não existem. Também conheço muitas pessoas que possuem poderes. Isso não vai contra a ciência, nem é algo místico. Apenas é uma coisa que a ciência atual ainda não é capaz de explicar satisfatoriamente. Por exemplo, neste exato instante, há uma grande quantidade de ondas eletromagnéticas correndo neste ambiente, mas eu não consigo detectá-las com meu corpo físico. Só que, se você ligar um aparelho de rádio ou uma televisão, vai ouvir o som e ver a imagem, não é? Isso é evidência de que as on-

das estão presentes, mas não conseguimos detectá-las. Entretanto, se pudéssemos captar todas essas ondas, certamente seria muito ruim, porque seríamos engolidos por uma enxurrada de barulho e imagem. Agradeço a Buda por ter feito um corpo físico que capta apenas o que é necessário.

Conseguir ver ou ouvir um pouco mais do que uma pessoa normal significa ter um receptor a mais. Isso não tem nada a ver com religião e não significa de modo algum que essa pessoa é melhor ou pior do que as demais. Não gosto de palavras como "paranormal" ou "poderes sobre-humanos". Trata-se apenas de ter um instrumento a mais do que as outras pessoas. A questão é se quem possui esse instrumento realmente está capacitado a usá-lo para um bom fim. Se a pessoa ainda é uma criança por dentro, tende a acreditar erroneamente que é grande, digna e até poderosa só porque possui algo que os outros não possuem.

Sem crescimento e amadurecimento interiores, quem obtiver um instrumento como esse não conseguirá usá-lo corretamente e, na prática, terá uma arma nas mãos, ferindo as pessoas ao seu redor e colocando em risco até mesmo a própria vida.

Sabe, dizem que Buda possuía grandes poderes, chamados de paranormais. E até mesmo Buda – ou, ainda, especialmente uma pessoa dotada de grande sabedoria como Buda – tinha plena consciência do perigo do uso desses poderes. Ele proibiu expressamente a si e a seus discípulos de empregar tais faculdades mentais. Proibiu seu uso até mesmo para salvar as pessoas e para o bem.

O líder e os fiéis da seita Verdade Suprema falavam o tempo todo sobre levitação, não falavam? Eles também costumavam mergulhar na água para treinar o controle da respiração. Mas de que adianta ficar nessa imitação barata dos pássaros e dos peixes? Por mais que você se esforce, nunca vai conseguir voar muito. Qual é o sentido de ter capacidades como a de entortar colheres de metal? É lamentável dedicar a vida a futilidades como essa, não acham?

No budismo, chamamos essas coisas de poderes menores. O grande e verdadeiro poder é o que o budismo chama de "carregar a água, carregar a madeira – isso é o poder do oculto e do divino" (unsui hansai kore jintsu). Ou seja, é o milagre de poder carregar a água e a madeira; é o poder de conseguir ingerir os alimentos, digeri-los, transformá-los em nutrientes e eliminar os resíduos; é a capacidade de sentir sono quando estamos cansados, de respirar enquanto dormimos e de acordar quando estamos descansados. É isso que o budismo chama de grande poder do oculto e do divino. E nos encoraja a perceber isso, a compreender que, desde que nascemos, somos revestidos desse poder mágico incrível. Em vez de correr atrás de coisas de pouco valor ou, ainda, de coisas que podem se transformar em armas e destruir sua vida, o que acha de estudarmos um pouquinho para despertarmos para a vida, esta grande dádiva que recebemos?

Uma torrente de fala saía da minha boca, movida pelo anseio de evitar que uma jovem prestes a ingressar na sociedade caísse vítima de seitas pseudorreligiosas. Havia urgência, e esse era o meu desespero em impedir que ela continuasse a trilhar o caminho rumo à sua ruína.

As pessoas andam – que coisa incrível!

> Que dia maravilhoso
> Ao fundo das flores de azaleia
> um senhor idoso caminha
> Ele carrega um bebê, mas os seus passos
> são leves
> Pé direito
> Pé esquerdo
> Pé direito
> Pé esquerdo
> Olha, ele ficou em um pé só
> Olha, ele girou sobre os calcanhares
> As pessoas andam – que coisa incrível
> Nem acredito que eu também era capaz
> de uma proeza dessas todos os dias

Esse poema é de Tomihiro Hoshino, escrito em um quadro que retrata uma flor de azaleia.

Apenas dois meses após se formar na faculdade e começar a trabalhar como professor de Educação Física, Hoshino sofreu um grave acidente e, após nove anos de esforços, recebeu alta. Mas estava tetraplégico, sem poder mover nada além da cabeça e sem a menor perspectiva de melhora do quadro clínico.

Depois de muito sofrer, ele decidiu: "Se há uma coisa que eu posso fazer, é manter a fisionomia alegre". E, entendendo que a sua sensibilidade à beleza não havia sido perdida, decidiu se lançar à pintura. A partir daí, começou um processo extremamente complicado e interminável de aprimoramento da arte, com apenas um pincel atômico na boca. Mas esse "apenas um pincel atômico na boca", embora pareça ser algo simples, esconde uma gama infinita de problemas, já que ele não conseguia mover os membros para pegar o pincel nem para segurar o papel, entre muitas outras coisas. Ele nem mesmo era capaz de mexer direito o pescoço para movimentar o pincel.

Todo esse esforço só teve frutos graças ao apoio incondicional e abnegado de sua mãe e de sua esposa, que se harmonizaram totalmente com Hoshino na criação de seus quadros, tornando-se suas mãos e suas pernas para levar o pincel a sua boca ou, ainda, para misturar a tinta na proporção exata para criar a cor desejada, manter o lápis em sua boca, segurar e mover o papel.

Essa harmonia em que todos se entendem e se tornam um – isso é exatamente o que o budismo chama de poder divino ou de poder sobrenatural.

Você tem pernas, mas que não consegue mexer. Ao olhar para os dois pedaços de carne imóveis que estão presos ao seu corpo, ao contemplar as pernas que não lhe obedecem mais, surge o sofrimento. E quanto mais profundo é esse sofrimento, maior é a emoção ao perceber o milagre e o mistério de poder caminhar para a frente, movendo ambas as pernas sem precisar pensar. Quando encontra um obstáculo, você é capaz de pular sobre ele sem esforço ou, ainda, de poder virar seu corpo e mudar de direção para contorná-lo. Essas coisas aparentemente banais começam a parecer verdadeiros milagres divinos. E você não pode deixar de agradecer de todo o coração por um poder tão misterioso e extraordinário.

Valorizar o verdadeiro mistério

O grande mestre Kosho Shimizu[3], responsável pelo templo Todai-ji, que conseguiu realizar a grande restauração do santuário no século XX, disse as seguintes palavras:
Você quer saber o que é liberdade? Então ande.
Se perceber que está inspirando e expirando, você vai entender.
Se perceber o que é trivial, isso vale muita coisa.
A liberdade a que o mestre se refere não se trata da liberdade de fazermos o que bem entendermos. É a liberdade que temos nas nos-

---
3 Monge e artista plástico japonês (1911-1999). (N. do T.)

sas pernas, que podem caminhar e nos levar para onde quisermos; é a liberdade que o pulmão e o coração têm para trabalhar mesmo durante o nosso sono para nos manter vivos. Essa é a manifestação da liberdade que temos em nós desde o começo. E são essas coisas "triviais" que o budismo classifica como o grande poder do oculto e do divino, incentivando-nos a perceber essas "trivialidades".

Esse é o significado da expressão "Carregar a água, carregar a madeira – isso é o poder do oculto e do divino" (*unsui hansai kore jintsu*). Coisas como levitar ou imitar aves e peixes não podem ser sequer classificadas como poderes.

Em uma roseira
floresceu uma rosa
Embora não haja nada de misterioso nisso

Essa é a voz de espanto de Hakushu Kitahara[4]. Mesmo sem que ninguém ensine ou avise, quando chega a época, a roseira se enche de rosas. A berinjela dá no pé de berinjela, o pepino dá no pé de pepino. Nunca veremos uma berinjela dando no pé de pepino. Esse é o poder do oculto e do divino. E a sensibilidade para notar esse poder, esse mistério divino, é também um poder do oculto e do divino.

Tudo no Universo está revestido de poder desde o início. É esse o misterioso poder do oculto e do divino. E o budismo nos ensina a despertar para esse poder e a compreender o seu verdadeiro valor.

Se não ficar vazio

Abandonar a sua régua para medir as coisas e as pessoas

Sou um fracasso como professora, porque na metade do tempo estou fora e não consigo ao menos dar um treino decente. Mesmo assim, para comemorar os meus 60 anos de idade, as pessoas se reuniram e ergueram uma sala de cerimônia do chá, uma construção que levou seis anos para ficar pronta. Fico extremamente lisonjeada e agradecida, mas ao mesmo tempo um pouco sem graça, pois definitivamente não mereço tanto.

---

[4] Poeta considerado um dos mais importantes da literatura japonesa moderna (1885-1942). (N. do T.)

O oleiro N criou um *tsukubai*[5] e seu *suikinkutsu*,[6] e doou-o à sala. No dia em que fomos efetivamente instalá-los no solo, desenhei um círculo no fundo também circular do *suikinkutsu* e escrevi dentro do círculo a expressão *kan-chu-ku* – "o vazio dentro do círculo".

Essa expressão parece ter sido criada pelo eminente pensador chinês Chuang-tzu e indica o Universo Absoluto, aquele que transcende os paradigmas e julgamentos humanos. Ou seja, é o *vazio*. Como está vazio, pode-se colocar água, podem-se deixar flores dentro. Como está vazio, pode-se servir comida. Como está vazio, podem-se guardar ferramentas. Como está vazio, a comida ganha um sabor ainda mais delicioso. Até hoje me lembro da presença de espírito e da grandeza da pessoa que, ao perceber que não daria tempo de servir bebida a todos antes do brinde, ergueu sua taça e disse: "Tudo começa do vazio".

Em um recipiente cheio de dejetos, nada pode ser colocado. A mão que já está cheia não consegue segurar mais nada. Igualmente, se não jogarmos fora todos os pensamentos egoístas para ficarmos vazios, nem mesmo as melhores histórias e ensinamentos conseguirão entrar em nosso coração e tudo terá sido em vão.

Um monge visitou um mestre Zen para pedir por ensinamentos. O mestre serviu chá e eles conversaram durante algum tempo, até que, repentinamente, o mestre parou de falar e tentou servir mais chá na xícara já repleta. O monge, assustado, disse: "Mestre! Vai derramar!". O mestre ordenou, firme e em voz alta: "Beba o chá!".

E completou: "Assim como o chá novo é desperdiçado se tentar servi-lo em uma xícara cheia, tudo o que eu disse está sendo desperdiçado porque a sua cabeça está lotada de conceitos e preconceitos que você foi colecionando com o tempo. Ou você não vai aproveitar nada desta conversa, ou só vai ouvir a parte que lhe interessa e interpretá-la de uma forma distorcida. Você só vai conseguir ouvir o que tenho a lhe dizer se esvaziar a sua cabeça".

Tudo cabe exatamente porque está vazio

O Universo também é virtualmente vazio. Por isso consegue abrigar tudo. Se estabelecer limites, então surgirão coisas que os extrapolarão. E assim emergem o bem e o mal, a pureza e a impu-

---

5 Tipo de pia baixa, geralmente feita de pedra, para a lavagem das mãos antes da cerimônia do chá. (N. do T.)
6 Espécie de cavidade para recolher a água do *tsukubai*. (N. do T.)

reza, o belo e o horripilante, o lucro e o prejuízo, o eu e o outro, o amor e o ódio... Se surgir essa régua para medir as coisas, você poderá aceitar o que está dentro do seu limite, mas não as coisas que superam a sua régua.

Sob essa ótica, as cobras mais venenosas, os insetos mais nocivos, as ervas mais letais recebem igualmente o direito à vida exatamente porque o Universo não possui réguas. Não há régua para medir o grau de bondade, nem o grau de pureza. Essa é a verdadeira bondade, a verdadeira pureza.

Essa invenção imaginária chamada ego faz com que criemos nossas preferências e nossas conveniências. E, quando algo não satisfaz nosso ego, tendemos a repeli-lo.

Assim como o Universo, assim como o *suikinkutsu*, faço votos para que eu me torne cada vez mais vazia e possa abarcar tudo. Foi com esse pensamento que escrevi a expressão *kan-chu-ku* e a enterrei no solo, sob o *tsukubai*.

Vivenciar pessoalmente

De vez em quando, participo do programa *Kokoro no jidai* (A Era do Coração), na emissora de TV NHK, e também de programas noturnos de rádio. Um dia, uma senhora de idade me telefonou pedindo encarecidamente uma fita gravada. Ela havia solicitado diversas vezes à NHK, porém sem sucesso. A emissora mandou-lhe algumas obras minhas para compensar, mas ela me afirmou: "Não quero palavras escritas. Mesmo que eu leia as palavras, a voz que ouvirei será a minha, não a da senhora. E tem de ser a voz da senhora. Existe algo muito profundo, cálido e severo que repercute forte em meu coração. E isso é impossível sentir vendo somente as palavras impressas. Preciso muito da fita com a voz da senhora". Quando recebemos esse telefonema sincero em nosso mosteiro, as monjas rapidamente fizeram uma cópia da fita e enviaram a ela.

Outro dia, fui a um jantar. Pensei que haveria três, quatro pessoas, mas, quando cheguei, percebi que eram mais de 20. Havia pessoas que só me conheciam pelos meus livros; outras, só pelo programa de rádio; outras, ainda, me conheciam de vista pelos programas de TV. Todas elas quiseram participar do jantar, dizendo: "Por favor, quero conhecê-la pessoalmente, quero ouvir a voz dela". E, no fim, havia mais de 20 participantes.

Um senhor idoso, vindo de Kofu, um lugar bem distante do local do jantar, disse-me, com os olhos marejados de lágrimas: "Eu queria vê-la pelo menos uma vez antes de morrer". Envolvi as mãos dele com as minhas e respondi que estava muito feliz em vê-lo, o que o fez desabar em um choro emocionado.

Uma senhora de Okinawa que estava morando havia um bom tempo em Matsumoto para acompanhar o tratamento da filha, que corria o risco de ficar em estado vegetativo por causa de um acidente, pediu: "Desculpe, será que eu poderia alisar a cabeça da senhora?". E ela alisou a minha cabeça como se estivesse alisando a cabeça de um grande praticante budista, envolveu cuidadosamente a sua mão com um lenço e disse: "Vou alisar a cabeça da minha filha com esta mão. Tenho certeza de que ela vai se recuperar". E, feliz, voltou para casa.

Encontre-se diretamente com essa pessoa e ouça a sua voz

Durante esse jantar, eu me lembrava das palavras do mestre Zen Dogen. Está escrito no *Shobo Genzo Zuimon-ki*:

"Como dizem os antigos, deve-se ouvir, deve-se ver, deve-se compreender. E dizem também: se não compreender, então veja; se não vir, então ouça. Dizem: o coração não deve ouvir, deve ver; não deve ver, deve compreender."

Resumindo, em vez de apenas ouvir, é melhor ir e ver com os próprios olhos. Em vez de apenas ver, é melhor vivenciar. Por exemplo, é difícil aprender a cozinhar só ouvindo as histórias dos outros. É mais fácil quando se vê a pessoa cozinhando. E é melhor ainda se você puser a mão na massa e aprender na prática. Do mesmo modo, é melhor ler um bom ensinamento do que ficar sem ensinamento algum. Mas certamente há muitas coisas que as palavras impressas não conseguem transmitir.

A palavra "bobo", por exemplo. Não passa de quatro letras no papel, mas, quando é pronunciada pelo coração e pela boca de alguém, pode causar duas impressões diametralmente opostas. Dita com ódio, ira e desprezo, atinge em cheio o coração da pessoa à qual é dirigida e pode feri-la mortalmente. Pronunciada com muito carinho e amor, leva alegria à pessoa. Não se trata do timbre da voz ou da dicção, mas do sentimento que a palavra carrega.

Ser um discípulo de Buda enquanto ainda está vivo – o significado do funeral

Na cerimônia fúnebre, há o ritual de tornar-se discípulo de Buda

Uma das cerimônias de que as pessoas participam com certa frequência sem entender o significado é a fúnebre. Não posso afirmar nada sobre as outras religiões, mas, no budismo – e, em particular, no Zen –, essa é uma cerimônia de *Tokudo-shiki*.

*Tokudo-shik*i é a cerimônia de tornar-se discípulo de Buda. *Toku* significa "conseguir, obter, alcançar", e *do* significa "atravessar", "passar desta para a outra margem". Assim, *tokudo* pode ser entendido como "conseguir atravessar", "lograr a travessia".

Neste mundo, há vários mestres em diversos campos de atuação. Há mestres que ensinam como ganhar dinheiro; há mestres em uma dada profissão; há mestres em um determinado hobby ou arte; há mestres em um certo campo de conhecimento. No caso do budismo, o que significa ser discípulo? Que tipo de mestre é Buda e o que nos ensina? Falando de modo geral, Buda é o Mestre da Vida. A vida é única; não há outra vida e você a viverá apenas uma única vez. Assim, qualquer pessoa deve valorizar a sua vida e tentar vivê-la da melhor maneira possível. Buda é o Mestre que ensina como o fazer e a cerimônia para tornar-se seu discípulo é a de *Tokudo-shiki*.

Pensando no ser humano como uma árvore, o dinheiro, a profissão, o hobby, a arte, o conhecimento não passam de galhos e folhas. Para que eles vicejem e rendam flores e frutos, deve-se ter um tronco e raízes muito fortes e sólidas. Mas como criar isso? O papel da religião é lançar esse questionamento de forma clara e direta, visando a obter respostas. E Buda é o Mestre a guiar esse caminho.

O mestre Zen Dogen chamava as pessoas de "seres do caminho do aprendizado". Ou seja, pessoas que estavam dispostas a aprender o caminho. O caminho é o modo de viver como um verdadeiro ser humano. E esse modo é o de seguir os princípios que regem o Universo, submeter-se à Verdade que governa a Criação. Ou seja, mestre Dogen denominava as pessoas "seres dispostos a abandonar pensamentos e sentimentos do eu menor para aprender os princípios do Universo e viver por tais princípios". Chamamos esses princípios de *Bukkai*, os Preceitos de Buda.

No *Tokudo-shiki*, recebe-se o *kaimyo*, nome de quem faz o juramento de viver de acordo com o *Bukkai*, os Preceitos de Buda, sem desperdiçar a vida preciosa com pensamentos egoicos e volúveis do eu mesquinho.

O mestre Kodo Sawaki disse: "Qual é o caminho da pessoa que segue os ensinamentos de Buda? Apenas permitir que Buda cuide de todos os aspectos de sua vida".

Vinte e quatro horas por dia, 365 dias por ano, é Buda quem cuida de toda a vida, não é você. Isso é viver de acordo com o *Bukkai*. E o *kaimyo* é o nome dado à pessoa que vive assim.

O *kaimyo* é formado por dois ideogramas. Somando-se com o *dogo*, o nome do caminho budista, tem-se quatro ideogramas. O meu *kaimyo* é Shundo, e recebi o *dogo* de Kakusen. São essas duas denominações, esses quatro ideogramas que devemos receber em vida. Obviamente, não adianta nada recebê-los depois da morte. O *kaimyo* deve ser recebido o mais rápido possível, enquanto há ouvidos para ouvir, olhos para ver e corpo para agir em consonância com os princípios do Universo, com o caminho que o ser humano deve trilhar.

Certa vez, uma francesa veio para o *zazen* e me disse com alegria: "Recebi um nome budista. Sou Seiko". Ao ouvir isso, entendi que ela estava se referindo ao *kaimyo*.

A religião só foi transmitida até os dias de hoje, milhares de anos depois, porque seus ensinamentos são corretos. Entretanto, impurezas acabam sendo incorporadas com o passar do tempo. Assim, o verdadeiro significado do *kaimyo* desapareceu e, atualmente, as pessoas acreditam que é meramente um nome dado aos mortos. Para corrigir esse erro e lançar uma nova luz sobre o *kaimyo*, achei interessante usar a expressão "nome budista".

Receber o *kechimyaku*

Um dos documentos transmitidos na cerimônia fúnebre é o *kechimyaku*. Nele, está escrito o nome do discípulo de Buda, ou seja, o *kaimyo*. Mas o que é exatamente o *kechimyaku*?

Vamos utilizar como metáfora a música. Houve um grande compositor chamado Shakyamuni Buda, que veio a este mundo explicando com palavras humanas como funciona tudo o que existe no céu e na terra – ou seja, a visão sobre o Universo – e como devemos viver de acordo com as leis universais, que inclusive nos dão a vida – a visão sobre a vida humana. O registro disso tudo são os sutras budistas, que seriam as partituras do compositor.

Mas, por melhor que seja a partitura, ela em si é desprovida de vida. Para uma pessoa que não sabe lê-la, não passa de um pedaço de papel rabiscado. Da mesma forma, para quem não sabe ler um sutra, sua leitura não consegue despertar nenhum sentimento. A música só ganha vida quando a partitura é executada pelos musicistas; similarmente, a partitura chamada sutra budista só ganha vida quando é executada no palco chamado vida cotidiana de cada um de nós.

O compositor Shakyamuni Buda teve registrados em partitura seus sermões sobre as leis do Universo e a forma digna de vida de um ser humano. E, a partir disso, ao longo do tempo, os grandes mestres praticaram, compreenderam e despertaram, em uma interpretação ao vivo demonstrada em cada passo de sua existência, transformando a partitura em música repleta de vida. Isso passou de mestre para discípulo, de mão em mão, de uma grande pessoa a outra. Essa transmissão pode ser representada em uma linhagem, que é o *kechimyaku*.

Tendo Shakyamuni Buda como fundador, foi Bodidarma, da 28ª geração, quem levou o Zen para a China, até chegar ao mestre Zen Nyojo, da 50ª geração, mestre do mestre Zen Dogen. Assim, a partir da 51ª geração, a linhagem passou a ser japonesa, e atualmente estamos por volta da 80ª geração. Obviamente, isso tudo se refere ao zen-budismo Soto Shu.

Durante 2.500 anos, passando por três países (Índia, China e Japão), a transmissão mestre-discípulo se deu por meio de uma busca e de um treinamento em que se colocava literalmente a vida em jogo. Atualmente, sou da 84ª geração. Quem receber o *tokudo* e o *kechimyaku* de mim será um discípulo de Buda da geração seguinte, a 85ª, e terá o seu *kaimyo*.

A árvore genealógica da família representa a linhagem física e corporal. O *kechimyaku* representa a linhagem da mais elevada cultura espiritual da humanidade, a linhagem dos musicistas espirituais. Desse modo, ele é prova inconteste não de que a pessoa faz jus a uma herança pecuniária ou a alguma posse material, mas a uma herança espiritual infinita, que são os ensinamentos do Buda-Darma.

Assim como a partitura só ganha vida por meio dos musicistas, o Darma também não tem vida sem pessoas. Diz-se que "o Darma só aparece em razão dos seres humanos" e, com efeito, ele só ganha vida por meio das pessoas. Dessa forma, a prioridade é seguir um bom mestre, uma mestra verdadeira, e aprender a tocar a música.

O que é "esta margem" (*shigan*), "a outra margem" (*higan*) e o *indo*?

O que significa na prática o aprendizado, sob a orientação de um bom mestre, sobre a execução da partitura chamada "vida humana" em um palco em que não há uma segunda chance?

Imagine que você fique doente. Eu também tive uma doença um tanto grave quando me aproximava dos 40 anos. Os médicos me disseram: "Recomendamos operar o mais rápido possível, pois há o risco de se transformar num tumor maligno". Nesse momento, um pensamento passou pela minha cabeça: "Como seria bom se a gente pudesse escolher a doença, mais ou menos assim: 'Essa doença é meio ruim para mim, será que poderia trocar por essa outra?'".

No instante seguinte, pude perceber que, "se não é possível escolher a doença, isso significa que a doença também é uma dádiva de Buda. Se é uma dádiva, então, mesmo que seja uma doença letal, vamos unir as mãos e aceitar silenciosa e humildemente essa dádiva".

Um poema veio à minha boca:

Também vem de Buda
a doença que se manifesta
Junto minhas mãos
e recebo esta bênção
com serenidade de espírito

Assim, pude entrar na sala de cirurgia com entrega total. Enquanto me deitava na mesa, surgiu o seguinte sentimento: "Talvez eu nunca mais tenha esta chance. Por isso, quero aproveitar esta oportunidade para entender mais sobre esta dádiva de vida que me foi dada". Lembro-me muito bem desse sentimento, mesmo quando a anestesia geral me levava para o sono.

A quantidade de coisas que pude aprender nas três semanas de internação foi assombrosa. Realmente, a doença foi uma grande dádiva e foi exatamente graças aos ensinamentos do dia a dia que pude reverenciar a doença como uma autêntica Bodisatva, transformando-a num precioso patrimônio meu. Foi uma felicidade muito grande poder viver imersa no Darma.

"A doença é
também uma grande sábia"
Grande ensinamento
que recebo de bom grado
no leito em que estou

Por "sábia" (*zenchishiki*), podemos entender que é uma boa mestra e uma boa amiga. É o ensinamento de que "a doença é uma boa mestra em nossa vida".

Isso faz parte do processo de dar vida aos ensinamentos de Buda a cada passo dado neste palco chamado vida. Chamamos de "esta margem" (*shigan*) a vida humana na qual a pessoa não conhece o Darma, não é guiada pelo Darma, não consegue encontrar um(a) mestre(a) para guiar sua vida, ficando totalmente perdida e sem forças por causa de doenças e fracassos, encerrando sua vida mergulhada na negatividade. Da mesma forma, denominamos "a outra margem" (*higan*), terra pura ou paraíso, a vida humana na qual a pessoa consegue encontrar bons amigos e entrar em contato com o Darma, transformando até mesmo a grave doença em uma boa mestra, ficando feliz por ganhar um tesouro tão precioso.

O *indo* (que significa literalmente "puxar e conduzir") quer dizer precisamente puxar e conduzir cada passo da vida humana "desta margem" para "a outra margem", para o paraíso, para uma vida de felicidade.

Diz-se que "quanto mais lama, maior o Buda". A lama simboliza a tristeza e o sofrimento da vida humana, que são materiais preciosos para formar o Buda. Sem eles, não é possível formar o Buda. Mas a lama em si não é o Buda. A lama é simplesmente lama e não passa de lama. Para que a lama se eleve a Buda, devemos aprender o método correto de transformá-la em material a ser trabalhado para formar o Buda, para que renda flores e frutos a nós. É para isso que devemos "puxar e conduzir" a nossa vida. Isso é *indo* e é disso que trata o treinamento.

Assim, é desnecessário dizer que o *indo* deve ser recebido não após a morte, mas o mais cedo possível, enquanto há ouvidos para ouvir e corpo para praticar.

A visão correta com relação à cerimônia fúnebre

Há algumas coisas que eu sempre digo em cada cerimônia fúnebre que oficio, visando corrigir alguns hábitos e advertir severamente sobre alguns erros. Um deles é o costume japonês de o(a) viúvo(a) não aparecer perante outras pessoas quando falece o(a) cônjuge. Aparentemente, esse hábito ainda perdura em todo o Japão, principalmente no interior. Desde a Antiguidade, tem-se a ideia de que marido e mulher são uma pessoa só. Em países como a Índia, há o costume de a esposa cometer suicídio após o falecimento do marido, e me parece que Gandhi trabalhou bastante para extinguir tal prática.

Em muitos países, os súditos cometiam suicídio após a morte do seu senhor. No Japão, os bonecos *haniwa*, enterrados junto dos senhores em túmulos antigos, surgiram para substituir os súditos vivos. Acredita-se que esse comportamento veio do simbolismo de que marido e mulher – ou senhor e súdito – são uma pessoa só, e as cerimônias de luto deveriam refletir essa unidade. Ao mesmo tempo, pode-se dizer que também se imiscuíram nessas cerimônias os sentimentos de medo e repulsa da morte, os quais se refletem nos atos comumente vistos, como o afastamento em razão da morte iminente da pessoa.

Mas esses costumes são coisa do passado. Se o marido estiver às raias da morte, quem ele deseja que esteja ao seu lado na hora mais extrema? Certamente, aquela a quem jurou estar sempre junto, na alegria e na tristeza, na saúde e na doença. E o contrário também é válido. Será que aquela a quem jurou estar sempre junto, na alegria e na tristeza, na saúde e na doença, não iria querer ficar ao lado do seu cônjuge quando este estiver às raias da morte? Assim, não há necessidade nenhuma de se esconder. Pelo contrário, deve-se estar bem preparado e ser a pessoa mais próxima a estar junto na hora mais extrema, fazendo todos os preparativos e despedidas finais.

Outro costume que desejo com fervor que seja extinto é o de arrancar a parte de cima do *shichihon toba*, a placa de madeira em homenagem aos mortos. Antigamente, na época em que os jogos de azar eram muito populares, houve um apostador que só perdia. Aborrecido, ele arrancou a parte de cima do *shichihon toba* de um túmulo novo, colocou no bolso, foi para as apostas e ganhou muito dinheiro. Por causa disso, passaram a imitá-lo – muitas pessoas arrancam a parte de cima do *shichihon toba* do túmulo de seus familiares para que não seja arrancada por gente inescrupulosa.

Toba é um modo simplificado de dizer *sotoba*, que vem do sânscrito *stupa*. Originalmente era uma construção em forma de torre erguida sobre os cabelos ou ossos (*shari*) de Buda. No Japão, passou-se a denominar *tou* (torre) as construções propriamente ditas, e *toba* as compridas placas de madeira que representam tais construções.

A parte de cima do *toba* tem um formato característico, oriundo da torre dos Cinco Anéis. Os Cinco Anéis podem ser pensados como parte da antiga ciência indiana, que pregava a existência de quatro ou cinco elementos fundamentais no Cosmo. Em termos de ciência atual, podemos interpretá-los como as partículas fundamentais da matéria.

Mesmo hoje, quando alguém fica doente, chamamos de "desarmonia dos quatro grandes elementos". Os cientistas da Índia antiga estabeleceram que todo o Cosmo era composto pela mistura dos quatro grandes elementos, quais sejam: a Terra, a Água, o Fogo e o Vento. A Terra representa a rigidez; a Água, a umidade; o Fogo, o calor; e o Vento, o movimento. Adicionando-se o Vazio, temos os cinco elementos. O Vazio não é o vazio que aparece no trecho "a forma não difere do vazio, o vazio não difere da forma", do *Sutra Maha Prajna Paramita* (*Hannya Shinkyo*, em japonês). Pode-se pensar no Vazio como o Ar, o Céu. E os elementos foram representados da seguinte forma: a Terra como quadrado, a Água como círculo, o Fogo como triângulo, o Vento como meia-lua e o Vazio como uma joia. E a torre dos Cinco Anéis nada mais é do que esses cinco elementos empilhados. Absolutamente tudo no Universo é gerado pela mistura e interação desses cinco elementos e, quando essas ligações são rompidas, a matéria se reduz novamente aos cinco elementos. Por isso, a morte também é dita como "a volta aos elementos", e o túmulo tem o formato dos cinco elementos. Este, por sua vez, é o formato da parte de cima da tábua *toba*.

No *shichihon toba* estão escritos os nomes dos sete Budas que protegem e guiam o espírito da pessoa morta nos 49 dias após a sua morte. Pode-se pensar que o *shichihon toba* é um Buda. Assim sendo, um cumprimento respeitoso é válido e adequado, mas arrancar uma parte dele é uma atitude inaceitável, que deve ser corrigida urgentemente e em definitivo. •

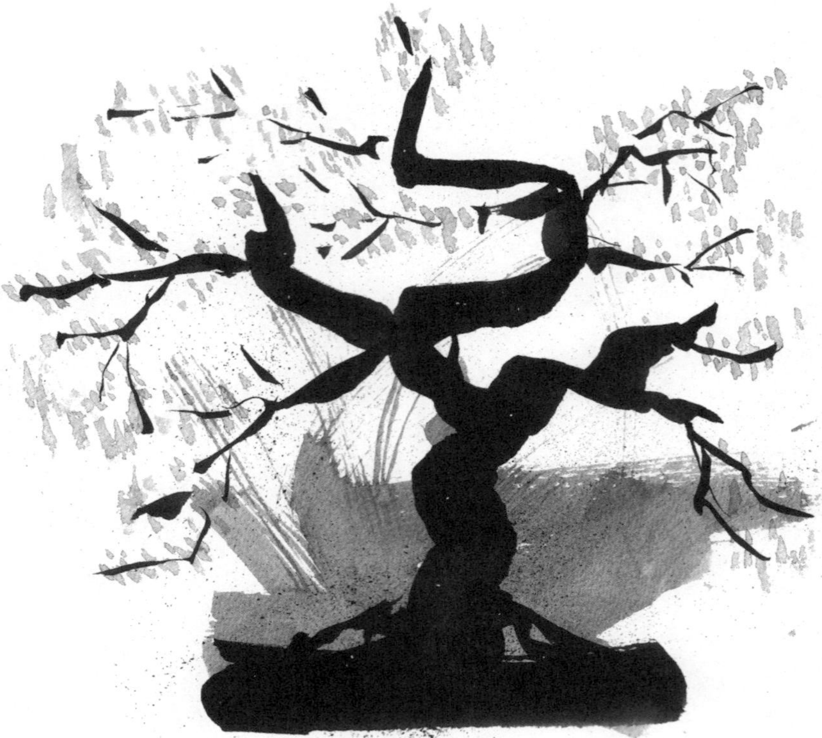

Capítulo 4

**Fazer o que deve ser feito
sem cálculos egocentrados**

Viver como uma flor

O espírito de reconhecer o belo como belo

O senhor T era uma pessoa que amava a natureza, a terra e as flores. Ele faleceu, aos 94 anos, de maneira esplêndida, agradecendo de coração à família, aos parentes e a todos os que o rodearam.

Após o funeral, lembrei aos presentes a paixão que o senhor T tinha pelas flores e, usando-as como fio condutor, comecei a falar.

Enxergar beleza
naquilo que é belo
Essa é a prova
de que o seu coração
é belo

Esse é um poema de Mitsuo Aida[1], da cidade de Ashikaga. Certamente, o coração de T era tão belo quanto as flores que amava, das quais cuidava e com as quais viveu sua vida.

Uma das pessoas que vieram para a prática do Zen viu o calendário com as seguintes palavras: "A vida é solitária como uma flor" e me perguntou: "Será que a flor é solitária?". Ao que respondi: "Creio que não é a flor que é solitária, mas o coração da pessoa que observa a flor. O ser humano não consegue ver nem ouvir de forma isenta, de modo que sempre enxerga e ouve as coisas filtradas pelo seu coração. Se o seu coração consegue ver a beleza de uma flor, isso é prova de que o seu coração também é belo".

Uma flor pode causar diferentes impactos em diferentes pessoas. Quem não tem interesse provavelmente não vai nem perceber a existência da flor. Já quem vive vendendo flores talvez veja a flor como recurso financeiro.

O coração de T, que foi atraído pela beleza das flores, certamente era tão belo quanto as flores, que ele tratava como amigas e companheiras.

---

1 Calígrafo e poeta (1924-1991). Após conhecer o mestre Tetsuo Takei, passou a praticar o budismo, sem, entretanto, tornar-se monge. É autor de diversas obras, como *Okagesan e Ningen da mono*. (N. do T.)

Simplesmente está lá

Acho que não há uma única pessoa no mundo que fique furiosa ao ver uma flor. Basta colocar uma flor em um vaso no quarto, em cima da mesa ou diante de um retrato. Isso basta para que o ambiente fique mais alegre, bonito e tranquilo. Uma flor leva alegria e paz ao coração das pessoas. O poema de Mitsuo Aida diz:

Basta que
você esteja presente
e o ambiente
fica mais alegre

Basta que
você esteja presente
e as pessoas
sentem mais paz

Eu também
quero ser
como você

A flor não desabrochou para que as pessoas a achem bonita, para que fiquem felizes ou para que sintam paz. Ela *simplesmente está lá*. Simplesmente desabrocha, de acordo com a sua natureza. Não há cálculos. Não há motivação. Não há egoísmo. Ela desabrocha de forma incondicional, seguindo as dádivas do Cosmo. E creio que seja isso que leva paz ao coração das pessoas, cansadas de lidar com tanto cálculo egocentrado.

Assim como o perfume da flor impregna a sua roupa

Uma das frases que gosto de usar nos meus autógrafos é: "Cuide da flor e seu perfume preencherá as suas vestes", de autoria de Yu Liangshi (U Ryoshi, em japonês), um chinês da dinastia Tang. Esse é um trecho do poema "Montanha da Primavera, Luar da Noite", que é um contraponto a outro trecho do mesmo poema: "Mergulhe as mãos na água e terá a Lua para si". Uso o trecho no sentido de que, assim como o perfume da flor impregna a roupa, se a pessoa está rodeada de bons ensinamentos e segue um bom mestre, naturalmente acaba sendo guiada para um bom caminho.

O ditado popular diz que "os semelhantes se atraem" ou, ainda, que "os afins se reúnem" (*I Ching*). Também se diz "diga-me com quem andas e te direi quem és". Os amigos têm a antena apontada para a mesma direção, sintonizada na mesma frequência.

O ser humano é fraco e não consegue fazer nada sozinho. Mas, quando tem bons amigos, é capaz de multiplicar a sua força e agir para o bem. No entanto, deve tomar cuidado, pois também pode voltar as suas atenções para a direção errada. Quando está em um grupo que visa o mal, o ser humano é capaz de feitos inacreditáveis.

Buda dizia que "os bons amigos são o seu maior tesouro". E, de fato, gostaria de sempre estar rodeada de boas amigas e de bons amigos.

Como a flor que exala perfume mesmo após a queda

A flor desabrocha
A flor perfuma
A flor cai
E continua a perfumar

Parece que este é o poema de Hisaya Morishige[2] gravado no túmulo de Kuniko Mukoda[3]. Ela teve a infelicidade de falecer em um acidente aéreo, deixando inúmeras obras-primas para a posteridade.

Há muitas flores que desabrocham e exalam perfume. Mas poucas são as que caem e continuam a perfumar. Há flores também que teimam em continuar no galho, abandonando a beleza e tornando-se feias, lamentáveis, dignas de piedade.

A dança das pétalas
das cerejeiras ao vento
Esta oferenda

Esse é o poema de Muneyoshi Yanagi[4] que, assim como a expressão "chuva de pétalas", retrata a flor de cerejeira como a mais bela ao cair. Suas pétalas enchem de beleza a terra e a água. A predileção dos japoneses pela flor de cerejeira vem daí.

---

2 Ator e comediante japonês (1913-2009). (N. do T.)
3 Roteirista de TV japonesa (1929-1981). (N. do T.)
4 Folclorista e crítico de arte (1889-1961). Contribuiu para a disseminação das artes populares japonesas e construiu o Centro de Artes Populares do Japão. Lançou diversas obras, como *Kokoro uta*. (N. do T.)

Sinto que os 94 anos de vida de T são fielmente retratados pelo poema

A flor desabrocha
A flor perfuma
A flor cai
E continua a perfumar

Após apresentar quatro historietas relativas a flores, eu disse, para concluir: "Aprenda com humildade as lições que a pessoa que partiu empenhou a vida para transmitir. E aplique essas lições agora, neste exato instante, na vida. Esse é o significado da cerimônia fúnebre e é também a maior homenagem que podemos prestar à pessoa que nos deixou".

Sob as flores, surge naturalmente um caminho

Apenas cumprindo o seu dever silenciosamente

Outra frase que gosto de usar nos meus autógrafos é: "Os pêssegos e as ameixas não emitem palavra, mas sob eles naturalmente surge o caminho". É uma frase famosa por ter sido a origem do nome da escola Seikei[5] (hoje, uma universidade). É originalmente um trecho de "Registros do General Li", contido em *Registros do Historiador* (*Shiji*, em japonês), escrito por Sima Qian.

Registros do Historiador é um compêndio histórico de 130 volumes que relata desde o mitológico Imperador Amarelo (cerca de 2700 a.C.) até o imperador Wu de Han, por volta do século I a.C.

O general Li é Li Guang, que serviu ao imperador Jing de Han e foi vital nas campanhas contra o povo Xiongnu. É um arqueiro famoso, a ponto de existir uma anedota contando que, certa vez, ele acreditara ter visto um tigre e disparou uma flecha, mas o que perfurou foi uma grande rocha.

E, nos seus registros, está escrito: "O general Li diz que, se a pessoa for correta, seus comandados irão agir mesmo sem ordens; se a pessoa não for correta, seus comandados não irão agir mesmo com ordens". E, em uma parte posterior do texto, há o trecho: "Os pês-

---

5   *Seikei* significa "surgir o caminho". (N. do T.)

segos e as ameixas não emitem palavra, mas sob eles naturalmente surge o caminho", como elogio à pessoa do general Li.

Os pêssegos e as ameixas não ficam fazendo propaganda pessoal, dizendo: "Venham, as minhas flores estão bonitas, os meus frutos estão suculentos". Eles simplesmente cumprem sua função em silêncio, produzindo flores e frutos. Mas é isso mesmo que atrai as pessoas, a ponto de naturalmente abrir-se um caminho sob seus ramos. Qualquer coisa – tanto pessoas como negócios – só consegue atrair gente se realmente tiver frutos. Mesmo que a propaganda seja boa o suficiente, seus efeitos serão passageiros. Entretanto, mesmo que se mantenha o silêncio, se o fruto, o conteúdo, for verdadeiro, as pessoas são naturalmente atraídas. Se for um negócio, com certeza irá prosperar.

Simplesmente está em flor

Sempre fico emocionada quando entro em contato com a natureza selvagem e deparo com flores de cerejeira ou orquídeas. Não há a menor intenção nem pretensão por parte das flores de se exibir, de conquistar elogios ou de exigir a atenção das pessoas. Não há intenção, não há propósito, não há condição. As flores simplesmente estão em flor. E é isso que me deixa emocionada.

Falando nisso, tudo na natureza se baseia nesse "simplesmente". O Sol simplesmente brilha, a chuva simplesmente cai, a flor simplesmente desabrocha. Acho que é por isso que transmitem paz e emocionam o coração humano.

Nos meus aposentos, há uma obra caligráfica do mestre Yogo Suigan: "Carregando água para vendê-la à margem do rio". Seu significado revela a prática de uma ação que não traz um centavo de lucro nem vantagem, algo que não faz sentido dentro dos cálculos e expectativas humanas de lucro e prejuízo.

Uma outra expressão com o mesmo sentido é "Carregar a neve para soterrar o rio". Novamente, a expressão denota um esforço inútil. Mas, mudando o ponto de vista, não seria um ensinamento para fazer algo sem condições nem expectativas, de acordo com o "simplesmente" da natureza? Além disso, assim como a neve jogada sobre o rio se derrete e se vai sem deixar vestígios, não deveríamos fazer as nossas tarefas sem deixar o nosso apego tomar conta?

Viver em plenitude de acordo com a verdadeira forma de viver

Santoka[6] e o mestre Sumita

Sob os meus pés
trevo japonês, capim

Esse é um poema de Santoka sobre as plantas que se curvam ao vento de outono. E quem apresentou Santoka ao mundo foi o mestre em poesia Sumita Oyama[7]. Na década de 60, recebemos o mestre Sumita para proferir palestras em nossos encontros Zen, no templo Muryo-ji e no Nisodo. No templo Muryo-ji, ele compôs o poema:

Todas de cabeça raspada
como boas monjas
sérias e humildes

E, no mosteiro feminino, deixou o seguinte poema:

A cada soar
o sino se prostra fundo
Eco do som

Esse poema está gravado em um monumento ao lado do campanário.
O mestre Sumita é um poeta de verso livre, discípulo de Seisensui Ogiwara[8]. Dedicou sua vida ao Zen e ao haicai e foi o responsável por apresentar ao mundo o poeta Santoka Taneda. Ele nos contou, muito emocionado, como foi o seu primeiro encontro com Santoka.
Santoka era um poeta andarilho e um monge da tradição zen-budista Soto. Publicava regularmente seus poemas, revestidos de características absolutamente únicas, em uma revista. Atraído pelos poemas, o mestre Sumita tinha vontade de encontrar-se com o autor. Certo ano, soube que

---

6 Santoka Taneda (1882-1940), poeta e discípulo de Seisensui Ogiwara (1884-1976). Publicou assiduamente em revistas. Após diversas circunstâncias, tornou-se monge budista e partiu em peregrinação. Construiu seu abrigo de eremita em Ogori, província de Yamaguchi, mantendo-se como peregrino na busca da união entre poesia e zen-budismo. (N. do T.)
7 Poeta e religioso (1899-1994). Discípulo de Seisensui Ogiwara. Participou da revista *Soun* e foi praticante de *zazen*. Era um grande amigo de Santoka Taneda e ajudou-o a tornar-se conhecido. (N. do T.)
8 Pseudônimo de Tokichi Ogiwara (1884-1976), importante poeta japonês que revolucionou a escrita de haicais.

Santoka deixara a vida de andarilho e passara a residir em uma casa abandonada na zona rural de Ogori, na província de Yamaguchi. Foi visitá-lo em um dia muito frio de inverno, próximo do final do ano.

Santoka estava à sua espera, com a refeição já pronta, graças ao arroz que havia obtido por meio do *takuhatsu*[9].

Entre goles de saquê, conversaram até de madrugada sobre literatura e religião. Mas, na hora de dormir, Santoka disse, sobressaltado: "Essa não! Não tenho cobertor para você. Mas não tem problema. Estou feliz por você ter vindo. Vou passar a noite em claro. Durma com o meu cobertor".

Entretanto, o cobertor era para criança – curto e fino. O travesseiro consistia de três revistas *Kaizo* empilhadas.

Quando o mestre Sumita reclamou que estava frio demais para dormir, Santoka ficou preocupado e começou a vasculhar a casa em busca de cobertores melhores. Quando viu que o esforço era em vão, trouxe roupas, lenços, tudo o que tinha ao seu alcance, e empilhou sobre o mestre Sumita. E, por cima de tudo, colocou uma mesa velha, dizendo que esse peso daria uma sensação maior de calor.

Graças também ao efeito do saquê, o mestre Sumita acabou caindo no sono. Mas, ao raiar do dia, acordou por causa do vento gélido que fustigava a pele como um chicote. Ao abrir os olhos e procurar por Santoka, viu que este estava em *zazen* à sua frente, usando o próprio corpo como parede para proteger o amigo do vento. Mestre Sumita nos contou que, mesmo estando sob aquela pilha de coisas, imediatamente se curvou diante de Santoka como quem reverencia um Buda e chorou copiosamente.

Nesse instante, jurou que não iria mais permitir que aquele homem vivesse à base de *takuhatsu* e cumpriu essa promessa até o fim, enviando uma ajuda de custo a Santoka até sua morte.

Usar o próprio corpo como parede durante a noite toda para proteger o mestre Sumita do vento gelado. Esse foi um ato de pura abnegação. E, como retribuição, o mestre Sumita também agiu por pura abnegação.

Chuva de inverno
Mas ainda sem morrer
(Santoka)

---

9   Prática do monasticismo budista de esmolar nas ruas, despertando a compaixão das pessoas e permitindo que, ao fazer doações, elas possam acumular virtudes. (N. do T.)

Sem dinheiro, sem cálculo, sem condição

Recebemos o mestre Sumita Oyama e fizemos um retiro no mosteiro por três dias e duas noites. Durante o *zazen* que se iniciava às 4h da manhã, ouvia-se o chamado *gyosho*, o sino da alvorada. A cada vez que a monja toca o grande sino, ela se prostra ao chão em reverência. No *sodo* (sala das monjas), a prática acontece de modo muito rigoroso. Nos pátios do templo, ainda cobertos pelas sombras da madrugada, não há uma única pessoa. E, no campanário, que se ergue calado entre as brumas, uma única monja toca o sino e se prostra. Talvez o mestre Sumita a tenha visto do jardim do templo e, assim, nos legou o seguinte poema:

A cada soar
o sino se prostra fundo
Eco do som

O grande sino pode ser tocado por qualquer pessoa na virada do ano, o que na cultura japonesa se chama de *Joya no kane*[10]. Já faz um bom tempo, mas na noite de 31 de dezembro formou-se uma fila de pessoas que queriam tocar o sino. E, entre elas, um homem de meia-idade veio falar comigo:

Minha filha passa todos os dias em frente a este templo para ir à escola. Quando volta para casa, no fim da tarde, sempre ouve o som deste sino. Ela me disse que, no pátio totalmente deserto, há uma monja que se prostra a cada vez que toca o sino. Ninguém a está olhando, mas, mesmo assim, ela presta a máxima reverência e, sem proferir uma única palavra, toca o sino. Tanto nas noites quentes de verão quanto nas tardes geladas de inverno. Muito emocionada, ela convidou a mim e a toda a família para vir tocar o sino na virada do ano. É por isso que estamos aqui.

Fiquei muito feliz. Neste mundo, tudo gira em torno de dinheiro e vantagens, as pessoas pensam apenas nos cálculos e meios para obter mais e mais posses, pautadas apenas pelo lucro e pelo prejuízo. Talvez seja por isso mesmo que a menina tenha se emocionado ao ver com os próprios olhos uma pessoa agindo sem buscar vantagens, sem impor condições, fazendo apenas o que deve fazer, independentemente do olhar dos outros.

---

10 Literalmente, "sino da última noite do ano". (N. do T.)

O mundo dos adultos está contaminado pela sede de dinheiro e pelo excesso de cálculos e condições. O coração incondicional e abnegado da monja tocou o coração puro da menina de 12, 13 anos, que ainda não foi maculado pela sociedade adulta. E o coração puro dessa criança tocou o coração dos familiares, e todos vieram ao templo.

Nem tudo está perdido neste mundo. E não podemos também abandonar a sociedade adulta à própria sorte. Mesmo que sejam poucas, existem pessoas que brilham como as estrelas da alvorada, aceitando e valorizando a verdade como ela é. Não importa a situação do mundo, sempre devemos erguer bem alto a bandeira da verdade, a bandeira dos ensinamentos de Buda, a bandeira do Darma Correto.

As três doenças atuais

O filósofo alemão Karl Jaspers[11] teria definido assim as três doenças atuais: a priorização da visão econômica, a priorização das máquinas e a priorização das massas. A priorização da visão econômica trata de agir somente quando há possibilidade de lucro, desenvolvendo planos, cálculos e estratégias para alcançar o seu fim, mesmo que isso cause problemas a terceiros.

A segunda doença é a adoção da automação para aumentar a produtividade e reduzir os custos, levando os seres humanos a se tornarem escravos das máquinas.

A priorização das massas é a chamada ditadura da maioria. É seguir as massas para onde elas forem, independentemente de o caminho trilhado ser bom ou ruim, ser verdadeiro ou falso. A ditadura da maioria estrangula a verdade das minorias.

Rezo com fervor para que surjam cada vez mais pessoas que, mesmo nesta sociedade doentia dos tempos atuais, possam se dedicar à verdade de maneira abnegada e esforçada, trilhando o bom caminho e sempre aceitando e pautando a sua vida pela verdade, mesmo que todos ao seu redor tentem demovê-las disso e que todo esse esforço não renda um único centavo.

---

11 Filósofo e psiquiatra alemão (1883-1969). (N. do T.)

As pequenas boas ações

Apenas a voz de "por favor"

Estava consultando uma enciclopédia budista em busca de algumas informações, quando deparei com o trecho: "A poeira se acumula e se torna uma montanha" (*Grande Tratado sobre o Sutra da Perfeição da Sabedoria – Daichidoron*). Isso trouxe um raio de luz à minha mente. Quando eu era criança, uma das minhas brincadeiras favoritas era o jogo de cartas chamado *karuta*, no qual uma pessoa recita o conteúdo de uma das cartas e os outros disputam quem vai ser o primeiro a achar a carta que forma par com ela. Na época, só havia dois tipos de *karuta*: ou era *iroha*, baseado no abecedário japonês, ou era *hyakunin isshu*, baseado em poemas e ditos famosos. E me lembrei de que a frase "A poeira se acumula e se torna uma montanha" estava presente no *iroha karuta*. Foi uma coincidência descobrir que era originalmente um trecho do *Grande Tratado sobre o Sutra da Perfeição da Sabedoria*, a obra máxima de Nagarjuna (Ryoju, em japonês), um monge que viveu há mais de 1.800 anos na Índia.

O mestre Zen Dogen ensina no *Tenzo Kyokun*, texto dedicado aos monges responsáveis pela cozinha: "Não ceda uma única gota do Oceano de Virtudes. Empilhe sempre um grão de poeira a mais sobre o topo da Montanha do Bem". Podemos pensar que toda montanha é composta de grãos de poeira e que todo oceano é formado por gotas d'água. Do mesmo modo, a vida humana é composta de cada respiração nossa. Assim sendo, valorize mesmo as menores coisas e aproveite ao máximo cada respiração.

Os momentos felizes sempre vivem no nosso coração, por menores que sejam. E, a cada vez que nos lembramos deles, tornam-se uma luz que aclara nosso espírito e uma fonte de felicidade e coragem.

Foi aos 15 anos, na primavera, que raspei a cabeça e ingressei no Nisodo, Mosteiro Feminino de Nagoia. Depois de um período letivo, no fim de julho, preparei-me para voltar para casa após quatro meses de ausência. Queria fazer tanta coisa durante o mês de férias de verão que, quando chegou a hora de partir, minha mala estava quase explodindo.

Durante o período letivo, eu era terminantemente proibida de sair. Para piorar, a cidade de Nagoia era totalmente desconhecida, por isso tive muita dificuldade de usar até mesmo o bonde para ir do Monte Kakuo até a estação de Nagoia. Além disso, os bondes, logo após a Segunda Guerra Mundial, eram muito utilizados e estavam sempre lotados. Com muito esforço, finalmente consegui entrar levando minha mala gigante, mas estava esmagada contra a porta, sem poder mexer um dedo sequer. Precisava descer na estação de Nagoia, mas justo nessa hora não consegui achar minha carteira, o que me deixou desesperada. Nesse momento, uma pessoa tirou rapidamente um bilhete do bolso e me disse: "Por favor". Como eu estava bloqueando a saída, fiquei nervosa e mal balbuciei palavras de agradecimento antes de entregar o bilhete ao condutor e descer para a rua, sob o sol escaldante de verão. Não pude ver nem perguntar quem era. Essa pessoa simplesmente disse "por favor" e se foi com o bonde. Ainda hoje, lembro-me apenas da voz dizendo "por favor" e da mão que me entregou o bilhete. Desde então, passaram-se mais de 60 anos. Faço votos para que essa pessoa ainda esteja bem e em plena saúde.

O caminho iluminado pelos faróis

Naquela época, o caminho de entrada do templo Muryo-ji era mais longo (atualmente está mais curto por causa de ampliações das estradas e das vicinais). Era um caminho ladeado de pinheiros e sem nenhuma iluminação. Diferentemente dos dias de hoje, não se andava muito de carro, portanto não havia uma rua que levasse direto ao templo. Por isso, mesmo tarde da noite e carregando muitas bagagens, não havia outra saída a não ser descer do carro e andar a pé por todo o caminho de entrada até chegar ao templo.

Certa vez, voltei tarde. Quando desci do carro, carregando bagagens nas duas mãos, comecei a andar pelo caminho, imersa na escuridão e tateando com os pés as pedras para não tropeçar e cair. Enquanto isso, o táxi que me deixou continuava lá, sem sair do lugar, com os faróis acesos. Fiquei me perguntando o que ele estava fazendo, ao mesmo tempo que agradecia a luz dos faróis que me ajudava a enxergar. Por fim, cheguei até a escada de pedra e subi por ela até alcançar o pátio do templo. Logo que terminei de subir, o táxi deu meia-volta e foi embora. Como não sou uma pessoa muito perspicaz, foi apenas nessa hora que me dei conta de que o motorista estava iluminando o caminho para me ajudar. Foi um gesto pequeno, mas foi precisamente essa simplicidade que me comoveu e tornou esse momento inesquecível.

Houve também uma vez, num vagão de trem, em que uma jovem de uns 20 anos estava comendo sua marmita à minha frente. Quando terminou, recolheu o seu lixo e o deixado pelos passageiros anteriores e jogou fora. Foi só isso, mas fiquei muito emocionada. Há uma diferença muito grande entre ir embora deixando o lixo para trás e recolher até o lixo deixado por terceiros. Ouvi dizer que, nas dunas de areia da província de Tottori, há uma placa com os seguintes dizeres: "Quando você partir, que as dunas sejam mais bonitas do que quando chegou". Vi uma pessoa fazer isso bem à minha frente. Depois desse episódio, recolho não só o meu lixo, mas também o porventura deixado por outras pessoas. É a felicidade e a maravilha de ver uma pequena boa ação de alguém se acumular como parte da sua virtude e se espalhar infinitamente como ondas no mar.

Para pessoas que podem fazer uma pequena boa ação

Há um poema de Shinmin Sakamura chamado "Pequeno ensinamento". Eis um trecho:

Pode ser um desconhecido para você
mas se estiver molhado pela chuva
corra até ele
e compartilhe seu guarda-chuva

Se encontrar uma pessoa que não consegue enxergar
seja nesse momento a mãe para ela
e a guie carinhosamente pela mão

Pode ser um ato bem singelo
Compartilhe a luz do seu coração
com o coração dos outros

Por menor que seja, uma boa ação é uma boa ação. E quem não consegue fazer pequenas boas ações é incapaz de fazer grandes boas ações. O mesmo vale para uma má ação. Por menor que seja, uma má ação é uma má ação. O que importa não é a grandiosidade do ato, e sim o coração com que ele é realizado. Não podemos nunca nos esquecer de valorizar as pequenas coisas.

Não esperar recompensa

O significado do *saisen*, a oferenda em dinheiro

Não é raro que templos ou instituições de caridade angariem doações e posteriormente divulguem a lista de doadores de alguma forma. E há pessoas que definem o valor a doar de acordo com a divulgação ou não da lista. Nesse tipo de postura, é possível perceber vários sentimentos, como "aquela pessoa doou bastante" ou "não posso doar menos do que aquela pessoa". Entretanto, será que essas doações realmente estão sendo feitas com o coração puro?

Falando de modo mais malicioso, podemos dizer que a pessoa comprou a sua fama mediante uma boa desculpa chamada doação. Ou adquiriu satisfação pessoal e autoestima por esse meio.

A cada vez que lanço as moedas no *saisen*, penso que essa oferenda é similar à esmola dada às pessoas que moram rua, com a diferença de que ela é destinada aos deuses e budas. Quando damos esmola a quem mora na rua, não esperamos nenhum tipo de recompensa. Da mesma forma, oferecer dinheiro por meio do *saisen* aos deuses e budas deve ser um ato realizado sem esperar recompensa, tampouco acompanhado de pedidos. Deveria ser um ato abnegado, com o autêntico espírito de doação e até mesmo com o espírito de gratidão. Mas há pessoas que oferecem apenas trocadinhos miúdos e em contrapartida fazem montanhas de pedidos, esperando milhões de favores. Realmente, o ser humano é muito egoico.

Nesse sentido, o *takuhatsu* é uma prática maravilhosa. Não importa a quantia doada, a monja recebe tudo com o mesmo espírito e sem perguntar nada ao doador – de forma que não há nenhum registro desse ato. A doação é como a neve lançada ao rio chamado *oryoki*[12] ou ao regato chamado *zudabukuro*[13]. Essa neve é carregada e desaparece sem deixar vestígios. É um treinamento de desprendimento. Exatamente por isso, as doações para o *takuhatsu* são valiosas.

Simplesmente agir, sem que o ato seja proposital

O ideograma para "falsidade", "artificialidade" escreve-se com a junção de "homem" e "propósito". Ou seja, não é a Verdade do

---
12 Tigela de alimentação monástica. (N. do T.)
13 Sacola monástica. (N. do T.)

Universo, mas uma criação do ser humano com um propósito definido. E um "homem" fazer algo com "propósito" definido se transforma em "falsidade". Os ideogramas realmente possuem aspectos muito interessantes.

Com o propósito de ajudar o mundo, com o propósito de ajudar os outros, com o propósito de alcançar a iluminação... Mesmo que a intenção seja boa, quando o ato se torna proposital, torna-se falso. Isso porque passa a ter em vista um objetivo, deixando de ser um ato abnegado. O que fazemos passa a ser um meio calculado para alcançar uma meta distante. O verdadeiro ato não é esse. O verdadeiro ato está em simplesmente agir.

À minha mente vêm as palavras profundas do mestre Zen Dogen: "A oferenda é um ato desprovido de ambição". É possível constatar a visão, a contundência do mestre Dogen ao enxergar o espírito de ambição, de desejo, que se esgueira sorrateiro no coração das pessoas, tanto daquelas que fazem as oferendas quanto daquelas que as recebem.

Que o bem não se torne um fardo

Quando o "bem" vira um problema

Com os participantes de *zazen* do *Sanzenkai*[14], passamos seis anos estudando o *Yuishiki* (o conhecimento absoluto), algo similar à psicologia dentro do budismo. Nesse ensinamento, há um trecho em que se definem 11 tipos de comportamento que as pessoas adotam rumo ao bem.

Há comportamentos como a confiança (que não se traduz em arrogância – ao contrário, é a verdadeira confiança que elimina o orgulho e aclara o coração), a vergonha, a cobiça, a ira, a maledicência. E, por fim, aparece a mansidão. Levei um susto ao ler as palavras do professor Kyuki Ota sobre a mansidão: "A mansidão resume-se em não prejudicar nem ferir os outros. Mas, se analisarmos bem, mesmo o ato bom pode tornar-se uma causa de dano. Qualquer um sabe que um ato bom não consiste em retalhar os outros com uma lâmina, mas muitos se esquecem de que um ato bom pode se

---

14 Retiro com duração de um dia. Na Comunidade Zen Budista Zendo Brasil, ocorre geralmente no terceiro sábado do mês, com o nome de Zen da Paz. (N. do T.)

transformar nessa lâmina. E como um ato bom pode ser uma lâmina? Isso acontece quando impomos um ato bom sobre os outros. É empurrarmos o ato bom garganta abaixo do próximo. O fato de o ato em si ser bom e geralmente baseado em motivos nobres faz com que a pessoa não perceba o que está realmente fazendo. Sem contar que, às vezes, as pessoas pensam que essa imposição pode até ser benéfica, porque o ato é bom."

Refletindo um pouco, vemos que o professor Kyuki tem toda a razão. Às vezes, enfrentamos situações em que ficamos um pouco constrangidos. "Não há como negar que o ato é bom, mas acho que não é bem por aí." Há casos de alguns fiéis de certas tradições religiosas com os quais temos dificuldade de nos relacionar exatamente porque, no fundo, acreditam em sua religião e se tornam extremamente inflexíveis e rígidos. Isso também acontece às vezes entre as pessoas que se dedicam como voluntárias a alguma causa. Elas não percebem que o sentimento "eu estou praticando o bem", "eu estou fazendo isso pelos outros" torna-se um peso para o seu coração. É complicado perceber que só estão agindo pela satisfação egocentrada de fazer o bem, de fazer algo pelos outros.

Em uma conversa com a monja Jakucho Setouchi[15], comentamos a seguinte história sobre uma escritora que teria dito: "Amei o meu marido e servi a ele de coração", ao que Yaeko Nogami[16] respondeu imediatamente: "Você fez tudo isso porque se tratava da sua felicidade pessoal, não por bondade pura". E a escritora se calou.

As suas escolhas na vida não estão sendo feitas apenas visando à satisfação pessoal?

Temos de tomar cuidado. Inúmeras vezes acreditamos piamente que estamos agindo para o bem dos outros, que estamos nos sacrificando em prol dos outros, mas na realidade só estamos agindo movidos pela satisfação pessoal ou pela alegria de seguirmos um caminho de vida que julgamos bom. À primeira vista, nosso coração parece estar repleto de abnegação e desprendimento, mas lá no fundo esconde-se silenciosamente a sede dos desejos mais egoístas. E foi isso que Yaeko Nogami apontou criteriosamente.

É maravilhoso vermos o amor incondicional das mães, que amam

---
15 Nascida em 1922, é monja budista, escritora premiada e ativista contra a pena de morte no Japão. (N. do T.)
16 Romancista japonesa (1885-1985). (N. do T.)

o seu rebento de modo devotado em todos os momentos, independentemente do que a sua mente ordena. Mas, se não tomarmos cuidado, esse amor pode se transformar em uma imposição do seu pretenso amor. Ou a educação dos seus filhos pode se tornar indevidamente a razão de sua existência. Muitas esposas e mães acabam cometendo esse erro, sem se dar conta disso. Fico imaginando se os maridos e filhos não se sentem constrangidos, irritados ou, ainda, com vontade de fugir dessa situação.

Lembro-me de um trecho de um poema do grande Rabindranath Tagore[17], que diz algo como "Que o meu amor por ti não se transforme em um fardo para ti". Quando o amor ou a boa ação é desenfreada, ela se torna um fardo para o coração dos outros e pode se transformar em algo nocivo. Não devemos nos esquecer disso.

Dinheiro e fama são as iscas para as pessoas medíocres

Buda e o Divino estão onde não há iscas

No fim da tarde do dia em que terminou o *sesshin* de cinco dias, uma senhora de idade, muito bem apessoada e de cabelos já totalmente brancos, pediu para conversar comigo. Na sala de reuniões, ela agradeceu por poder participar do *sesshin* e estendeu discretamente um pequeno embrulho, dizendo: "Este é um dinheiro limpo. Por favor, permita-me oferecê-lo em agradecimento". Fiquei um pouco intrigada com o termo "dinheiro limpo" e perguntei: "Poderia explicar um pouco melhor o que seria esse dinheiro limpo?".

Ela respondeu: "Tenho o privilégio de poder me dedicar à prática do Monte Ontakesan[18]. O Ontakesan tem tanto a parte xintoísta quanto a parte budista. E, embora eu não possua a menor capacitação para tanto, tenho a honra de ser convidada a participar dos rituais. E guardo o dinheiro que recebo nesses rituais, sem usar para fins particulares".

Entendi que, à minha frente, estava uma *sendachi*, uma guia e instrutora do Shugendo. E me dei conta de que, durante o *sesshin* de cinco dias (14 horas de *zazen* por dia, das 4h da manhã às 21h – após a refeição, uma hora de limpeza ou descanso), ela praticou de modo extremamente

---

17 Foi um polímato bengali (1861-1941). Como poeta, romancista, músico e dramaturgo, reformulou a literatura e a música bengali no final do século XIX e início do XX. (N. do T.)
18 Trata-se do Shugendo, uma religião japonesa influenciada pelo xintoísmo e pelo budismo, que envolve prática austera no seio das montanhas. Seus praticantes são comumente chamados de *yamabushi*. (N. do T.)

intenso e concentrado e ouviu também com muita alegria as palestras Zen mais profundas e complexas. Mostrou uma postura tão admirável que me perguntei quem seria ela e, ao saber que passou a vida como *sendachi*, tudo ficou claro. Ela demonstrou uma postura muito nobre ao estender de maneira bastante acanhada um envelope minúsculo e em branco, contendo uma quantia considerável. Disse que guiava um grande número de pessoas ao Monte Kan'yama e que tinha 80 anos.

Como o meu avô também foi um *sendachi* do Monte Ontakesan, acabamos travando uma conversa sobre vários temas. E a senhora de idade falou algumas coisas que, embora ditas de forma despretensiosa, me soaram como um alerta:

Perto de casa mora o monge vice-superintendente de um certo templo. Ele já tem idade avançada e está um pouco debilitado. Os fiéis querem que ele "viva mais e se torne o superintendente", mas será que isso é importante? Acho que não tem a menor importância.

Quanto maior e mais respeitável é a pessoa, menos deseja esse tipo de coisa e menos se torna arrogante.

Dinheiro e fama são as iscas para as pessoas medíocres. Onde há iscas, há pessoas interessadas nelas. Onde não há iscas, há apenas Buda, apenas o Darma, apenas a Divindade. É isso que me enche de alegria e gratidão. Se não for causar nenhum problema, gostaria de pedir permissão para participar do sesshin *mensal.*

"E você?!"

Eu me aprumei imediatamente. Parecia que um mestre havia me pego pelo cangote e perguntado direta e incisivamente: "E você?!". As palavras dela ficaram ecoando na minha mente.

Dinheiro e fama são as iscas para as pessoas medíocres. Onde há iscas, há pessoas interessadas nelas...

O mestre Zen Dogen tinha ojeriza pelo dinheiro e pelo poder, e disse repetidas vezes: "Aquele que deseja aprender o caminho deve manter o voto de pobreza". Jesus Cristo também disse: "Não servirás a Deus e ao diabo ao mesmo tempo", além de alertar: "É mais fácil uma corda grossa passar pelo fundo de uma agulha do que um rico entrar no reino dos Céus". E, movidos pela ganância e pelo desejo de fama, tanto o mundo da política quanto o mundo da religião estão totalmente maculados, abalados e fora do caminho que deveriam trilhar. Isso é muito triste.

No Zen, há a história de Bashi Shoan, a idosa que queimou a cabana de um monge. Há também a anedota da idosa vendedora de doces que derrotou o monge Tokuzan Sengan, que se autointitulava o rei Shukongo, por causa do seu conhecimento enciclopédico sobre o *Kongo-kyo* (*o Sutra do Diamante*). Todas são histórias de idosas que derrubaram do pedestal da arrogância monges que estavam presos ao conhecimento intelectual ou ao desejo de serem considerados grandes monges. E aprumei a minha postura, sentindo que eu também estava exatamente diante de uma senhora idosa a verificar o mais íntimo do meu ser. •

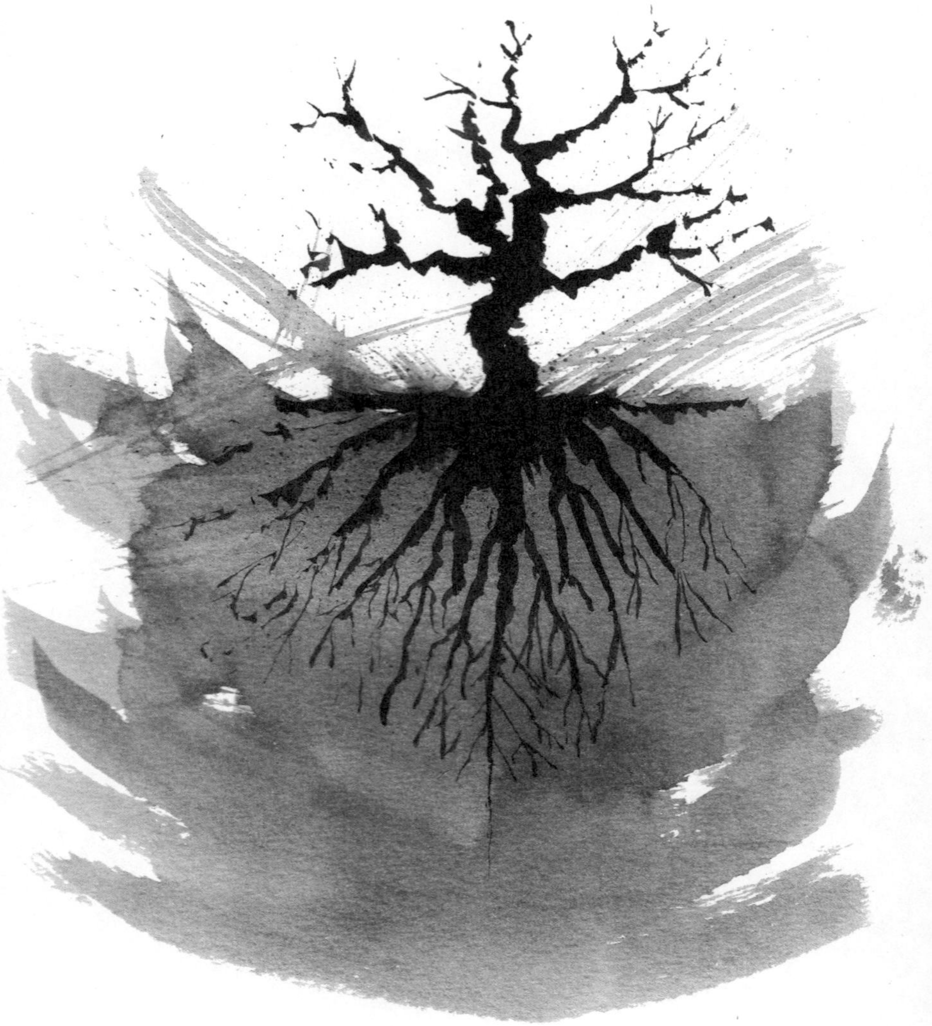

Capítulo 5

Espalhar as sementes e criar raízes

Falar menos e viver mais

Adotar os filhos como espelho

Acabou tornando-se monge

Talvez faça uns bons 15 anos que a senhora A bateu à minha porta. Ela veio movida pela tristeza de ver o filho e a filha – ambos então no ensino médio – trilharem um mau caminho. Enquanto contava as peripécias dos filhos, ela disse: "Não acredito que tenha errado na criação deles". Imediatamente, respondi, admoestando-a com severidade:

"Senhora A, espere um momento. É importante que os pais acreditem que seus esforços para criar os filhos nunca são suficientes. Acreditar que não cometeu erros na criação dos filhos, jogar a culpa neles não seria exatamente um sinal de sua arrogância, que acabou levando-os ao mau caminho?

Há um poema de Bocho Yamamura[1] que diz:

Ao olhar bem
no fundo dos seus olhos
parece que brilham
dois Amitabas Budas de ouro
Reiko
Chigusa
E vocês ainda me chamam de papai?
Eu não sou digno de tanto

Adotar os filhos como espelho, enxergando o seu reflexo como mãe fracassada, arrependendo-se dos seus erros e fraquezas e corrigindo eternamente a si mesma para que se torne uma mãe à altura do que os seus filhos esperam. Não seria essa a postura a ser tomada? Se os pais quiserem que os filhos tomem jeito, que eles pratiquem *zazen*, então, antes de mais nada, têm de tomar a iniciativa e praticar *zazen*, estudar os ensinamentos e corrigir sua postura como pais."

Foi a partir daí que começou a prática da senhora A e de seu marido, uma prática em que eles realmente colocavam a sua vida em jogo. Mas os filhos não se emendavam. Ficavam meses, até anos, sem voltar para casa. Ou acabavam presos pela polícia... Às vezes, a

---
1   Poeta e novelista japonês (1884-1924). (N. do T.)

senhora A dizia, desesperadamente: "Monja! Parece que estou perambulando nos abismos do inferno!". Ou: "Monja! É um sofrimento tal que parece que estou vomitando sangue!". Mas os anos se passaram e ela permaneceu firme, agarrada ao estudo e à prática do Zen como sua tábua de salvação.

Foi depois de cinco, seis anos, talvez. A senhora A veio a mim relatar, com os olhos marejados de lágrimas: "Monja! Meu filho voltou para casa. E começou a trabalhar em um emprego sério!". Pouco tempo mais tarde, ela trouxe outra notícia boa: "Monja! Ele está com uma noiva muito boa, e os pais dela fazem questão de que ela se case com meu filho porque os pais dele praticam *zazen*". E a filha também se corrigiu e começou a trabalhar. Depois de algum tempo, a senhora A deixou de comparecer ao *zazen*. Imaginei que ela estivesse ocupada cuidando de um eventual netinho, mas um dia ela voltou e disse: "Monja, peço desculpas pela minha ausência. É que meu marido acabou tornando-se monge. Faz três anos que ele está em treinamento na sede da vertente Rinzai-shu do budismo. Enquanto não terminar o treinamento e voltar, tenho de cuidar do templo e dos túmulos aos quais ele está vinculado, o que não me deixa vir participar do treinamento com a senhora. Mas, no templo, eu me dedico ao máximo, lendo os sutras que a senhora me passou e praticando *zazen*".

Foi a sinceridade e a seriedade deles que levou o marido a se tornar monge e a cuidar de um templo pelo resto da vida. Fiquei muito feliz por eles.

Tornando-se uma discípula de Buda, mantendo o *kechimyaku* no peito

Vários dias depois que a senhora A foi embora, eu acreditava que ela continuava a cuidar do templo, aguardando a volta do marido. Um dia, porém, recebi uma ligação. A pessoa que atendeu disse: "É uma ligação da nora da senhora A". Assustei-me. Certamente havia acontecido algo com ela. Rapidamente peguei o telefone.

"Monja, minha sogra está em estado terminal por causa de câncer no fígado, e os médicos disseram que ela tem apenas mais uma semana de vida. Ela quer de toda forma realizar a cerimônia de *tokudo* e receber da senhora o *kaimyo* antes de partir..."

Com toda a pressa do mundo, escrevi o *kechimyaku* e, carregando

um *juzu*² e o *rakusu*³, corri para o hospital. A nora da senhora A me recebeu na entrada e disse: "Tomara que a minha sogra esteja lúcida...".
Alheia às preocupações da nora, a senhora A me recebeu fazendo *gassho* e dizendo em voz baixa, mas firme: "Muito obrigada". O seu estado já não era nada bom – ela apresentava nítidos sinais de icterícia.

No quarto, estavam seu marido, que se tornara um legítimo monge, seu filho com a esposa, e sua filha. Os dois filhos da senhora A estavam com os olhos vermelhos e inchados de tanto chorar de arrependimento e remorso por terem causado sofrimento à mãe e abreviado a vida dela por causa da sua má conduta. Senti que deveria salvar os dois filhos também e me aproximei do leito da senhora A, envolvendo suas mãos com as minhas em *gassho* e dizendo, calmamente:

"Senhora A, que bom que seus filhos a guiaram para que pudesse encontrar o budismo, não é? Não só isso, a sua vida foi muito boa, pois conseguiu cuidar de seu marido até ele se tornar monge, não é mesmo? Agora, é a sua vez de se tornar uma discípula de Buda. Vamos fazer o Verso do Arrependimento primeiro, tudo bem? Vou recitar palavra por palavra. Se a senhora puder, por favor recite comigo. Se não puder, simplesmente recite na sua mente. *Ga-shaku-sho-zo-aku-go...* (Todo carma prejudicial alguma vez cometido por mim...)" Em prantos, o marido e os filhos também uniram as mãos e recitaram.

Após receber os Preceitos de Buda, ela enfim segurou contra o peito o *kechimyaku* com o *kaimyo*. Eu lhe disse: "Senhora A, a árvore genealógica é a linhagem do corpo. O *kechimyaku* é a mais elevada linhagem do espírito, que vem desde Shakyamuni Buda. Sou da 84ª geração. Como discípula de Buda, seu nome é Gyogetsu Jiun. Esse nome foi escrito após o meu, para que a senhora faça parte da 85ª geração de discípulos. Sua vida como discípula de Buda, como Jiun, começa agora. Desejo tudo de melhor à senhora."

Lentamente, mas de maneira muito lúcida, ela disse: "Muito obrigada. Agradeço de coração".

A senhora A viveu por mais dois meses e meio e, em 5 de abril, finalmente partiu. A família toda compareceu à missa de sétimo dia. O marido curvou-se respeitosamente e agradeceu: "Graças à minha esposa, pude me tornar monge". E os dois filhos, agora integrantes invejáveis da sociedade, leram os sutras e ouviram os sermões de modo extremamente compenetrado e atento, como se tivessem to-

---

2   Rosário budista. (N. do T.)
3   Manto budista pequeno, de cinco tiras. (N. do T.)

mado alguma decisão interior. A vida da senhora A e até mesmo a doença e a morte dela não foram em vão. Foi essa a nítida impressão que tive ao ver os seus familiares.

A semente que brota no fundo do coração

"Permita-me fazer esta oferenda"

Logo que embarquei no trem-bala, corri para o vagão do refeitório. Achei um único assento vago e, fazendo um ligeiro cumprimento ao homem que estava à minha frente, sentei-me. Pedi a comida que ficaria pronta o mais rápido possível e fiquei esperando ansiosamente. Isso porque eu queria fazer a minha refeição nos meros 40 minutos de trajeto entre Quioto e Nagoia.

O homem puxou conversa comigo. Enquanto devorava a comida rapidamente, troquei algumas palavras com ele. Disse repetidas vezes que era um completo ateísta e descrente, como se fosse algo vergonhoso e pecaminoso, para então falar sobre seu pai.

"Minha família é de Osaka. Meu pai praticou com o mestre Mumon Yamada, que foi por muito tempo o monge superintendente do templo Myoshinji. Ele praticou com muito afinco a sua vida toda. O mestre Mumon foi várias vezes à nossa casa. Eu era criança, mas sentia que tinha algo de venerável no mestre e o observava de longe."

Provavelmente ele se lembrou do passado ao me ver de trajes monásticos. Continuou a falar, com um tom saudosista. Pouco depois, ouviu-se o anúncio de que havia chegado a estação de Nagoia. Cumprimentei-o e fui pegar a conta da refeição para pagar. Mas ele foi mais rápido que eu e pegou a minha conta, dizendo: "Estou muito feliz por tê-la encontrado, monja. Por favor, permita-me fazer esta oferenda". E foi para o caixa pagá-la.

É provável que nunca mais nos encontremos. Mas, nesse breve instante em que estivemos juntos, ele ficou extremamente feliz, fez até uma oferenda e partiu sem ao menos revelar seu nome. Tudo o que pude fazer foi um *gassho* em agradecimento, enquanto ele se distanciava. Ele se dizia um ateísta e descrente, mas a vida religiosa levada com sinceridade e dedicação pelo pai fez com que as sementes da religiosidade brotassem no fundo do seu coração. Sua atitude nesse dia é uma prova de que as sementes brotaram e se desenvolveram bem. Essa situação me fez lembrar a magnitude da influência que a vida dos pais tem sobre os filhos.

"Pode deixar que eu pego" e o *gassho*

Num outro dia, embarquei na estação de Shiojiri, da linha Chuo. Deixei minhas coisas no bagageiro acima do meu assento e, assim que me sentei, caí no sono. Provavelmente estava cansada. Quando anunciaram que a próxima estação era Chikusa, acordei e fui depressa pegar minhas bagagens. Nesse momento, um cavalheiro que estava sentado ao meu lado disse: "Pode deixar que eu pego", e levantou-se de imediato. Entregou-me as malas e fez *gassho* com extremo respeito. Tive um sobressalto e retribuí o *gassho*, desembarcando no instante seguinte.

Era possível ver o cavalheiro na janela ainda em *gassho*, acompanhando-me com os olhos enquanto o trem se afastava. Qual seria a cara que eu fazia enquanto dormia ao lado dele? Talvez ele quisesse conversar comigo...

Tudo o que fez foi dizer "Pode deixar que eu pego" e fazer *gassho*, mas foi o suficiente para entrever que ele teve bons pais, que foi criado em uma boa família e teve uma vida muito digna. Fiquei muito feliz ao ver algo tão valioso.

Crie raízes fortes e a árvore ficará naturalmente frondosa

Os movimentos que não são vistos

Por causa de compromissos, fui para a região de Hokuriku. Como fiz check-in mais cedo do que o previsto, resolvi visitar as ruínas de um castelo próximo.

A água do fosso estava plácida, refletindo as árvores nuas do inverno e os últimos raios do ocaso. Algumas aves estavam na água, deslizando como se estivessem patinando em um movimento suave e elegante, ao mesmo tempo despretensioso. Mas, ao observar com mais cuidado, foi possível constatar que suas patas, escondidas sob a água, estavam se mexendo vigorosamente.

De volta dessa viagem, realizei o *yobanashi no chaji*, a peculiar cerimônia do chá feita na noite de inverno. As lanternas estavam enfileiradas, formando um longo corredor no espaçoso jardim do chá, e suas chamas, tremulantes com o vento, iluminavam suavemente as plantas, as pedras e os musgos. Os participantes da cerimônia usavam uma pequena candeia para iluminar os pés enquanto se dirigiam ao *tsukubai* para se purificar. E suas silhuetas flutuavam nas trevas, por entre as sombras das árvores. O som da água do *kakei*[4] que caía no *tsukubai* ecoava mansamente no silêncio. Tudo isso criava uma ilusão de que estávamos em um cenário fantástico de reinos passados.

Ao entrar no *mizuya*[5], cozinha e depósito para a cerimônia do chá, havia várias pessoas atarefadas e suando, acendendo as lanternas, molhando o chão, limpando as pedras. A cozinha propriamente dita estava um caldeirão, fervilhando nos preparativos para o *kaiseki*[6].

Crie raízes fortes e a árvore ficará naturalmente frondosa.

Com essa frase, o professor Yoshio Toi[7] autografou o livro de sua autoria *Ne wo yashinaeba ki wa onozu kara sodatsu* (Criando Raízes, ainda não editado em português).

A frondosa árvore de ginkgo, as ameixeiras e cerejeiras dão belíssimas flores e alegram as pessoas. Muitos admiram seus ramos e adoram suas flores, mas poucos são os que se dão conta da presença de raízes fortes que, mesmo sob o solo, agem incessantemente para sustentar toda a árvore.

O papel das raízes, escondidas do olhar humano

Mesmo quando falamos de cuidar da árvore que é a nossa vida, há muitas pessoas que se alegram e se apressam em desenvolver galhos, dar flores e colher frutos. E são poucas as que conseguem se desenvolver de modo silencioso, preparando o solo, semeando e criando raízes fortes, atividades que não trazem recompensa, tampouco visibilidade. Sem isso, porém, é impossível ter uma boa árvore, com bons galhos, flores e frutos. Mesmo que se consiga algum sucesso nessa empreitada, tudo irá por água abaixo na primeira chuva ou no primeiro vento.

Só conseguimos realizar algo se existirem os chamados carregadores de piano, aqueles que agem como as raízes de uma árvore, os alicerces de uma casa. Ao mesmo tempo, somente depois de atuarmos nessa função nos bastidores, nesse trabalho de raiz, é que podemos compreender e avaliar algo de forma tridimensional e sob a perspectiva adequada.

---

4   Bambu por onde passa a água que cai no *tsukubai*. (N. do T.)
5   Sala da água, onde se fazem os preparativos para a cerimônia do chá. (N. do T.)
6   Comida servida nessa ocasião. (N. do T.)
7   Monge e professor contemporâneo do budismo Terra Pura. (N. do T.)

Ouvi uma história sobre o presidente de uma grande empresa que obrigou o filho a começar pelo serviço mais humilde, passando por todos os departamentos e seções da empresa e sendo tratado como um funcionário qualquer, para que pudesse se tornar seu sucessor. É necessário sangue, suor e lágrimas para que se possa entender, visualizar e sentir o todo, em vez de ficar restrito a uma diminuta parte.

Assim como uma raiz forte permite que a árvore fique naturalmente frondosa, não devemos esquecer que o visível está sempre amparado pelo invisível e, portanto, devemos trabalhar e valorizar o invisível.

A importância do fazer

Parou um instante e fez um *gassho* discreto

Outro dia, aproveitando que eu havia ido a Nara para uma palestra, visitei o templo Horyuji depois de décadas. Foi uma emoção rever tanto os pavilhões milenares, rodeados por pinheiros antigos, quanto a estátua de Buda, mas houve um acontecimento que me deixou ainda mais feliz.

Depois de visitar o Horyuji, tive a grata e inesperada dádiva de tomar chá em um dos aposentos do templo Chuguji. Ainda me lembrando da alegria de ver novamente o Horyuji, caminhava rumo ao portão sul, acompanhando uma antiga parede de terra.

Nesse momento, uma multidão de estudantes ginasiais – talvez centenas deles – da província de Gunma passou por mim a passos rápidos, conversando animadamente. Mas uma menina parou um instante, fez um *gassho* discreto e curvou-se ligeiramente. Imediatamente, também fiz *gassho*, retornei o cumprimento e a acompanhei com os olhos enquanto se afastava. Foi só isso.

Quando percebi, ela já estava distante, portanto não tive a oportunidade de ver seu rosto. É claro que não trocamos uma única palavra. Tudo se passou em silêncio, cada uma unindo as mãos e se curvando diante da outra. Nada mais. Mas isso me deixou profundamente emocionada. Foi uma emoção muito melhor e mais refrescante do que qualquer das minhas memórias sobre o Horyuji.

Por mais importante ou imponente que seja um prédio, uma estátua de Buda ou um texto, podemos dizer que, no fundo, são objetos do passado. Para alguns, não passam de artigos de museu ou de ruínas arqueológicas. Entretanto, a atitude dessa menina foi repleta de vida e muito verdadeira.

O ato é precioso porque é inconsciente

Enquanto acompanhava com os olhos a menina que se perdia de vista, mas que ficara gravada a fogo na minha memória, diversos pensamentos vieram à minha mente. Os pais e a família que criaram a menina. A dificuldade de conseguir que as crianças façam *gassho*. Temos de levar em conta a timidez que qualquer pessoa sente em ser a única no meio da multidão a fazer *gassho* e a se curvar, mesmo quando é criada nesse meio. É provável que ela tenha feito esse gesto de maneira totalmente inconsciente. E é por isso mesmo que o gesto é tão precioso. Por trás desse ato inconsciente, há um alicerce sólido, erguido no dia a dia durante muitos anos.

Possivelmente, essa menina cresceu em uma família acostumada a prestar todos os dias uma reverência sincera em frente ao *butsudan*. Deve ter sido criada em um ambiente em que é habitual oferecer primeiro a Buda os produtos da colheita e os presentes dos visitantes, antes de recebê-los para si. E é essa "música", executada pelos pais e pela família, que a menina ouviu enquanto crescia para que, por sua vez, pudesse tocar inconscientemente a "música" de fazer *gassho* e se curvar de forma natural e inconsciente.

Desde tempos antigos se diz que "os filhos não seguem as palavras dos pais, e sim os exemplos dos pais". As palavras não passam de uma partitura. São as atitudes e os exemplos dos pais que dão vida a essa partitura para que a música possa ser ouvida.

Foi novamente uma oportunidade de perceber o peso da responsabilidade de ser pai, mãe ou professora. •

Posfácio

É um trem noturno
Enquanto dormimos
nos carrega em paz

O mestre Kodo Sawaki frequentemente citava este poema, dizendo: "Sua respiração e a pulsação de seu coração não possuem nenhuma relação com a sua vontade. Seus desejos e contrariedades também só existem enquanto você está acordado". Quando nos damos conta de que há forças que nos mantêm vivos mesmo enquanto dormimos ou cochilamos, percebemos que nossa vida está se desenrolando e se mantendo de formas que vão muito além de nossos pensamentos pequenos e de nossos sentimentos mesquinhos.

O mestre Zen Dogen definiu dois tipos de "eu". O primeiro é aquele egoísta, contido dentro de um saco de pele. A isso ele chamou de "ego" (*jiga* ou *aga*). O segundo é o que age distante da nossa vontade pessoal, obedecendo às grandes forças do Cosmo para nos envolver e nos dar vida. A isso ele chamou de "verdadeiro eu" (*jiko*). Costumo usar o termo "o outro eu".

O ideograma de *za* em *zazen* significa "sentar", e seu desenho lembra duas pessoas sobre a terra. Pode-se interpretar isso como uma conversa entre o nosso eu mesquinho e o nosso outro eu, que é Buda. Ou como o nosso outro eu agindo para que o nosso eu mesquinho não faça besteiras, o que é uma visão interessante.

O mestre Sawaki afirmou: "A religião é nada mais do que permitir que Buda cuide de todos os aspectos da nossa vida". E um de seus maiores discípulos, o mestre Kosho Uchiyama, disse: "*Zazen* é me crucificar". É a mesma coisa. A prática consiste em abandonar o nosso ego até que ele morra – em outras palavras, manter-se feliz e contente até que durma satisfeito –, ao mesmo tempo que despertamos e criamos o nosso outro e verdadeiro eu, repleto da vida do Universo, para viver de acordo com esse nosso verdadeiro eu.

E quanto mais esse nosso outro eu cresce e se desenvolve, mais os nossos olhos se aclaram e mais evidente se mostra o nosso ego mesquinho, sujo e irrecuperável. É nisso em que acredito. Novamente, a palavra do mestre Sawaki: "O paraíso também é chamado de terra 10 trilhões de léguas a oeste; essa distância se refere ao trajeto que começa em você e termina em você mesmo". Isso demonstra uma verdade que cala fundo em nosso coração.

Chamamos de Buda essa Verdade, essa Pulsação da Vida que nos mantém vivos e que age em níveis que transcendem em muito a nossa vã filosofia. E vivemos de acordo com Buda, abandonando totalmente nosso ego, prestando reverência a essa Verdade e retornando a Ela, deixando nossa vida em Suas mãos e seguindo-A de coração. Esse estilo de vida é o que chamamos de *Namu kie*, o Refúgio ou Abrigo nas Três Joias, que é se tornar de verdade seguidor de Buda. Acredito que seja esse o espírito do *zazen* e das recitações de *nenbutsu*.

15 de julho de 2010, por ocasião do fim do período de treinamento intensivo (*ango*) de verão.

Gassho,
Shundo Aoyama

Texto composto na fonte Lucida Bright
Impresso em papel Polén Soft na Assahi Gráfica.